中社智库

新时代智库出版的领跑者

智库 中社

国家智库报告

2021 National Think Tank

中国非洲研究院文库 · 中国脱贫攻坚调研报告

主　编　　王灵桂

中国脱贫攻坚调研报告

—— 西藏墨脱篇

RESEARCH REPORTS ON THE ELIMINATION OF POVERTY IN CHINA

—MEDOG COUNTY, THE TIBET AUTONOMOUS REGION

李新烽　张永蓬　主编

中国社会科学出版社

图书在版编目(CIP)数据

中国脱贫攻坚调研报告．西藏墨脱篇／李新烽，张永蓬主编．—北京：中国社会科学出版社，2022.2

（国家智库报告）

ISBN 978－7－5203－8861－0

Ⅰ．①中…　Ⅱ．①李…②张…　Ⅲ．①扶贫—调查报告—墨脱县　Ⅳ．①F126

中国版本图书馆 CIP 数据核字（2021）第 228124 号

出 版 人　赵剑英
项目统筹　王　茵　喻　苗
责任编辑　喻　苗
责任校对　韩天炜
责任印制　李寡寡

出　　版　中国社会科学出版社
社　　址　北京鼓楼西大街甲 158 号
邮　　编　100720
网　　址　http://www.csspw.cn
发 行 部　010－84083685
门 市 部　010－84029450
经　　销　新华书店及其他书店

印刷装订　北京君升印刷有限公司
版　　次　2022 年 2 月第 1 版
印　　次　2022 年 2 月第 1 次印刷

开　　本　787×1092　1/16
印　　张　13.75
插　　页　2
字　　数　168 千字
定　　价　78.00 元

充分发挥智库作用
助力中非友好合作

——“中国非洲研究院文库”总序言

当今世界正面临百年未有之大变局。世界多极化、经济全球化、社会信息化、文化多样化深入发展，和平、发展、合作、共赢成为人类社会共同的诉求，构建人类命运共同体成为各国人民共同的愿望。与此同时，大国博弈激烈，地区冲突不断，恐怖主义难除，发展失衡严重，气候变化凸显，单边主义和贸易保护主义抬头，人类面临许多共同挑战。中国是世界上最大的发展中国家，是人类和平与发展事业的建设者、贡献者和维护者。2017 年 10 月中共十九大胜利召开，引领中国发展踏上新的伟大征程。在习近平新时代中国特色社会主义思想指引下，中国人民正在为实现“两个一百年”奋斗目标和中华民族伟大复兴的“中国梦”而奋发努力，同时继续努力为人类作出新的更大的贡献。非洲是发展中国家最集中的大陆，是维护世界和平、促进全球发展的重要力量之一。近年来，非洲在自主可持续发展、联合自强道路上取得了可喜的进展，从西方眼中“没有希望的大陆”变成了“充满希望的大陆”，成为“奔跑的雄狮”。非洲各国正在积极探索适合自身国情的发展道路，非洲人民正在为实现《2063 年议程》与和平繁荣的“非洲梦”而努力奋斗。

中国与非洲传统友谊源远流长，中非历来是命运共同体。中国高度重视发展中非关系，2013 年 3 月习近平担任国家主席后首次出访就选择了非洲；2018 年 7 月习近平连任国家主席后首次出访仍然选择了非洲；6 年间，习近平主席先后 4 次踏上非洲大陆，访问坦桑尼亚、南非、塞内加尔等 8 国，向世界表明中国对中非传统友谊倍加珍惜，对非洲和中非关系高度重视。2018 年中非合作论坛北京峰会成功召开。习近平主席在此次峰会上，揭示了中非团结合作的本质特征，指明了中非关系发展的前进方向，规划了中非共同发展的具体路径，极大完善并创新了中国对非政策的理论框架和思想体系，这成为习近平新时代中国特色社会主义外交思想的重要理论创新成果，为未来中非关系的发展提供了强大政治遵循和行动指南。这次峰会是中非关系发展史上又一次具有里程碑意义的盛会。

随着中非合作蓬勃发展，国际社会对中非关系的关注度不断提高，出于对中国在非洲影响力不断上升的担忧，西方国家不时泛起一些肆意抹黑、诋毁中非关系的奇谈怪论，诸如“新殖民主义论”“资源争夺论”“债务陷阱论”等，给中非关系发展带来一定程度的干扰。在此背景下，学术界加强对非洲和中非关系的研究，及时推出相关研究成果，提升国际话语权，展示中非务实合作的丰硕成果，客观积极地反映中非关系良好发展，向世界发出中国声音，显得日益紧迫和重要。

中国社会科学院以习近平新时代中国特色社会主义思想为指导，努力建设马克思主义理论阵地，发挥为党的国家决策服务的思想库作用，努力为构建中国特色哲学社会科学学科体系、学术体系、话语体系作出新的更大贡献，不断增强我国哲学社会科学的国际影响力。中国社会科学院西亚非洲研究所是当年根据毛泽东主席批示成立的区域性研究机构，长期致力于非洲问题和中非关系研究，基础研究和应用研究并重，出版和发表了大量学术专著和论文，在国内外的影响力不断扩大。以西亚非洲研究所为主体于2019年4月成立的中国非洲研究院，是习近平总书记在中非合作论坛北京峰会上宣布的加强中非人文交流行动的重要举措。

按照习近平总书记致中国非洲研究院成立贺信精神，中国非洲研究院的宗旨是：汇聚中非学术智库资源，深化中非文明互鉴，加强治国理政和发展经验交流，为中非和中非同其他各方的合作集思广益、建言献策，增进中非人民相互了解和友谊，为中非共同推进“一带一路”合作，共同建设面向未来的中非全面战略合作伙伴关系，共同构筑更加紧密的中非命运共同体提供智力支持和人才支撑。中国非洲研究院有四大功能：一是发挥交流平台作用，密切中非学术交往。办好“非洲讲坛”“中国讲坛”“大使讲坛”，创办“中非文明对话大会”，运行好“中非治国理政交流机制”“中非可持续发展交流机制”“中非共建‘一带一路’交流机制”。二是发挥研究基地作用，聚焦共建“一带一路”。开展中非合作研究，对中非共同关注的重大问题和热点问题进行跟踪研究，定期发布研究课题及其成果。三是发挥人才高地作用，培养高端专业人才。开展学历学位教育，实施中非学者互访项目，培养青年专家、扶持青年学者和培养高端专业人才。四是发挥传播窗口作用，讲好中非友好故事。办好中国非洲研究院微信公众号，办好中英文中国非洲研究院网站，创办多语种《中国非洲学刊》。

为贯彻落实习近平总书记的贺信精神，更好地汇聚中非学术智库资源，团结非洲学者，引领中国非洲研究工作者提高学术水平和创新能力，推动相关非洲学科融合发展，推出精品力作，同时重视加强学术道德建设，中国非洲研究院面向全国非洲研究学界，坚持立足中国，放眼世界，特设“中国非洲研究院文库”。“中国非洲研究院文库”坚持精品导向，由相关部门领导与专家学者组成的编辑委员会遴选非洲研究及中非关系研究的相关成果，并统一组织出版，下设五大系列丛书：“学术著作”系列重在推动学科发展和建议，反映非洲发展问题、发展道路及中非合作等某一学科领域的系统性专题研究或国别研究成果；“学术译丛”系列主要把非洲学者以及其他方学者有关非洲问题研究的经典学术著作翻译成中文出版，特别注重全面反映非洲本土学者的学术水平、学术观点和对自身发展问题的认识；“智库报告”系列以中非关系为研究主线，中非各领域合作、国别双边关系及中国与其他国际角色在非洲的互动关系为支撑，客观、准确、翔实地反映中非合作的现状，为新时代中非关系顺利发展提供对策建议；“研究论丛”系列基于国际格局新变化、中国特色社会主义进入新时代，集结中国专家学者研究非洲政治、经济、安全、社会发展等方面的重大问题和非洲国际关系的创新性学术论文，具有学科覆盖面、基础性、系统性和标志性研究成果的特点；“年鉴”系列是连续出版的资料性文献，设有“重要文献”“热点聚焦”“专题特稿”“研究综述”“新书选介”“学刊简介”“学术机构”“学术动态”“数据统计”“年度大事”等栏目，系统汇集每年度非洲研究的新观点、新动态、新成果。

期待中国的非洲研究和非洲的中国研究在中国非洲研究院成立的新的历史起点上，凝聚国内研究力量，联合非洲各国专家学者，开拓进取，勇于创新，不断推进我国的非洲研究和非洲的中国研究以及中非关系研究，从而更好地服务于中非共建“一带一路”，助力新时代中非友好合作全面深入发展。

中国社会科学院副院长
中国非洲研究院院长

摘要： 本报告以西藏脱贫攻坚历程及其成效成就为背景，以墨脱县脱贫攻坚实践为案例，梳理、分析和记录了西藏自治区及墨脱县取得脱贫攻坚战胜利的成果、经验和意义。

脱贫攻坚战打响以来，在中央的特殊关心和全国人民的大力支援下，西藏自治区始终把打赢脱贫攻坚战作为重大政治任务和第一民生工程，把脱贫攻坚作为总揽经济社会发展全局和实施乡村振兴战略的优先任务，消除了西藏千百年来存在的绝对贫困问题，贫困人口物质生活极大改善，精神面貌焕然一新，农牧区生产生活条件发生了翻天覆地的变化，为全面建成小康社会、推进乡村振兴战略和缓解相对贫困问题奠定了坚实基础。墨脱县位于西藏自治区的东南边陲，是门巴族、珞巴族、藏族、汉族等多民族聚居的地区，由于历史和地理原因，曾是深度贫困县。1951 年西藏和平解放后，墨脱县经济社会发展逐步进入西藏发展的整体布局。1978 年党的十一届三中全会召开后，墨脱县坚持贯彻执行“改革、开放、搞活”的方针政策，经济社会建设呈现出繁荣兴旺的新形势、新气象。从 2014 年开始，西藏农牧区全面实施精准扶贫、精准脱贫方略，在扶贫项目和资金的投入上，国家对墨脱县的帮扶力度逐年大幅增加。2019 年年初，经林芝市委常委会研究确认，正式宣布墨脱县脱贫摘帽。2008 年以来，墨脱县交通基础设施发生根本性发展变化，极大推动了经济社会的全面发展。由此，乡乡通电、边境小康村建设等扎实推进，当地人民的生活生产条件发生根本改变。作为脱贫攻坚的重要环节，墨脱县因地制宜，大力发展茶产业等特色经济，茶园成了群众致富的“摇钱树”和游客眼中的“风景线”。独特的地理位置，孕育了墨脱县从高山寒带到热带雨林的丰富多彩、千姿百态的自然资源，加上丰富的宗教、传统文化资源，墨脱县的旅游资源得天独厚，独具优势。1949 年中华人民共和国成立后，墨脱县教育面临基础设施落后、教育人才严重匮乏的局面。在全国各级政府及当地人民努力下，墨脱县现代教育事业开始逐步走上发展轨道。自2013年以来，墨脱县严格落实各项惠民政策，大力开展技能培训和扫盲，教育与智力扶贫取得长足进展。在国家、西藏自治区、林芝市，以及对口援助省市的大力帮扶下，墨脱县逐渐摆脱了医疗基础设施落后、百姓缺医少药看病难的状况，形成了医疗卫生机构和人员配置基本完善，全方位对口医疗援助体系逐步形成，医疗卫生事业快速发展、特色鲜明，基层医疗水平和就诊条件不断改善的全新局面。随着西藏脱贫攻坚战的持续推进，在全国支援西藏经济建设的同时，全国对口支援方在人力、物力、财力等方面，大力支持西藏的文化保护、文化发展、文化交流，建设中华民族共同的精神家园。

墨脱县脱贫攻坚的举措包括：(1) 形成体系的组织领导机制和责任制度；(2) 整合资金资源，形成脱贫攻坚合力；(3) 加强基础设施建设，补齐公共设施短板；(4) 通过发展特色产业带动脱贫增收；(5) 保障公共服务供给，全面提升教育医疗等公共服务水平；(6) 充分利用援藏资源，惠及林芝发展。脱贫攻坚成功的经验是：(1) 突出组织领导，强化责任落实，形成了一整套脱贫攻坚制度体系；(2) 在精准扶贫中整合资金资源，统一规划资金用途；(3) 找准特色产业，带动贫困人口脱贫增收；(4) 国家对口援藏政策为西藏脱贫事业提供了重要支持。

历史上，西藏长期实行政教合一的封建农奴制，绝大多数藏族群众长期处于贫困境地，难以摆脱悲惨的命运。在中国共产党的坚强领导下，西藏社会实现了由封建农奴制度向社会主义制度的历史性飞跃，西藏发展实现了由贫穷落后向文明进步的伟大跨越。具有中国特色、西藏特点的脱贫经验主要有以下方面：(1) 坚持党的领导是根本保证；(2) 坚持改善民生是奋斗目标；(3) 坚持制度优势是制胜密码；(4) 坚持精准方略是根本方法；(5) 坚持资源整合是有效举措；(6) 坚持群众主体是动力源泉；(7) 坚持对口支援是重要支持；(8) 坚持党建引领是坚强保障。

关键词： 西藏；墨脱县；脱贫攻坚；成功经验

Abstract: This report takes the course of poverty alleviation in the Tibet Autonomous Region and its effective achievements as the background, and the practice of poverty alleviation in Medog County as the case. It also sorts out, analyzes and records the achievements, experience and significance of the victory in poverty alleviation in Medog County, Tibet.

Since the start of poverty alleviation, under the special concern of the Communist Party of China Central Committee and with the immense assistance from the whole nation, the Tibet Autonomous Region has always taken winning the battle against poverty as a major political task and the first livelihood project, and has regarded poverty alleviation as a priority task that takes charge of the overall situation of economic and social development and the implementation of the rural revitalization strategy. The problem of absolute poverty that has existed in Tibet for thousands of years has been eliminated. The material life of the poor people has been greatly improved, their spiritual outlook has been renewed, and the production and living conditions in agricultural and pastoral areas have undergone radical changes. This has laid a solid foundation for building a moderately prosperous society, promoting the rural revitalization strategy and alleviating the problem of relative poverty. Medog County is located on the southeastern border of the Tibet Autonomous Region, and is a multi-ethnic area inhabited mainly by Monpa, Lhoba, Tibetan and Han nationalities. Due to historical and geographical reasons, it used to be a deeply impoverished county. After the peaceful liberation of Tibet in 1951, the economic and social development of Medog County has come into the overall layout of Tibet's development. After the Third Plenary Session of the Eleventh Party Central Committee of China in 1978, Medog County adhered to the implementation of the principles and policies of "reform, opening up and invigorating", and the economic and social construction presented a new situation and new atmosphere of prosperity. Since 2014, the agricultural and pastoral areas of Tibet have comprehensively implemented the strategy of targeted poverty alleviation and targeted poverty elimination. The state's assistance to Medog has increased substantially year by year in terms of investment in poverty alleviation projects and funds. At the beginning of 2019, after the research, the Standing Committee of the Nyingchi Municipal Party Committee confirmed the official announcement that Medog County was lifted out of poverty. Since 2008, fundamental development and changes have occurred in the transportation infrastructure of Medog County, which has greatly promoted the overall development of the economy and society. As a result, rural electrification and the construction of moderately prosperous villages on the border have been steadily advanced, and the living and production conditions of the local people have undergone fundamental changes. As an important part of poverty alleviation, Medog County has made great efforts to develop characteristic economy, such as the tea industry according to local conditions. The tea gardens have become "cash cows" for the local people to get rich and a "landscape" in the eyes of tourists. The unique geographical location has nurtured colorful and diverse natural resources from alpine cold zones to tropical rain forests in Medog County. Coupled with rich resources of religion and traditional culture, it enjoys superior tourism resources and has a privileged advantage. After the founding of the People's Republic of China in 1949, education in Medog County was faced with a situation of backward infrastructure and a serious shortage of educational talents. With the efforts of the governments in China at all levels and local people, modern education in Medog County began to gradually step on the track of development. Since 2013, Medog County has made great progress in education and intellectual poverty alleviation by strictly implementing various policies to benefit the people and vigorously carrying out skills training and literacy. With the strong support of the State, the Tibet Autonomous Region, Nyingchi City, and the counterpart aid to provinces and cities, Medog County has gradually gotten rid of the backward medical infrastructure and the difficult situation of people lacking doctors and medicines. They have gradually formed a new situation of basic perfection of medical and health institutions and personnel allocation, gradual formation of a comprehensive counterpart medical assistance system, the rapid development of medical and health undertakings with distinctive features, and continuous improvement of the primary-level medical care and consultation conditions. As the fight against poverty in Tibet continues to advance, while the whole country supports the economic construction of Tibet, the national counterparts vigorously support cultural preservation, cultural development and cultural exchanges in Tibet in terms of manpower, material and financial resources, and build the common spiritual home of the Chinese nation.

The initiatives for poverty alleviation in Medog County include: 1. Forming a systematic organizational leadership mechanism and responsibility system. 2. Integrating capital resources to form a joint force for poverty alleviation. 3. Strengthening infrastructure construction and addressing the weaknesses of public facilities. 4. Driving poverty alleviation and income increase through the development of characteristic industries. 5. Safeguarding the supply of public services and comprehensively improving the level of public services, such as education, and medical care. 6. Making full use of Tibet aid resources to benefit the development of Nyingchi. The successful experiences of poverty alleviation are as follows: 1. Highlighting organizational leaders, strengthening responsibility for implementation, and forming a whole set of institutional systems for poverty alleviation. 2. Integrating capital resources in targeted poverty alleviation and unifying the planning of capital uses. 3. Identifying characteristic industries to drive poor people out of poverty and increase their income. 4. The State's policy of counterpart assistance to Tibet has provided important support for the cause of poverty alleviation in Tibet.

Historically, Tibet had long practiced the feudal serfdom with the unity of politics and religion, leaving the vast majority of Tibetan people in poverty for a long time, and making them difficult to escape from their miserable fate. Under the strong leadership of the Communist Party of China, Tibetan society has realized a historic leap from feudal serfdom to socialism, and Tibetan development has achieved a great leap from poverty and backwardness to civilization and progress. The experience of poverty alleviation with Chinese characteristics and Tibetan features mainly includes the following aspects: 1. Insisting that the Party's leadership is the fundamental guarantee. 2. Insisting that the improvement of people's livelihood is the goal. 3. Insisting that the system advantage is the winning code. 4. Insisting that the precise strategy is the fundamental method. 5. Insisting that the integration of resources is an effective measure. 6. Insisting that the mass as the main body is the source of motivation. 7. Insisting that the paired assistance is an important support. 8. Insisting that the leading of Party building is a strong guarantee.

Key Words: Tibet, Medog County, Poverty Alleviation, Successful Experience

目　录

前　言

2020年9月，中国社会科学院西亚非洲研究所（中国非洲研究院）创新工程“民族问题与非洲发展研究”项目两位首席研究员李新烽和张永蓬率项目组成员一行8人赴西藏自治区就“西藏脱贫攻坚”进行了为期一周的调研活动，本报告即为此次调研的最终成果。

此次调研旨在结合我国少数民族地区发展经验，聚焦西藏地区脱贫攻坚的实践与成功经验，为中国与非洲国家脱贫经验交流提供素材与案例。调研组确定在调研和了解西藏地区整体脱贫经验的基础上，选择林芝市墨脱县为重点案例，就西藏自治区及墨脱县脱贫攻坚的相关政策、措施、成效等展开实地调研。期间，西藏自治区社会科学院为调研组的行程和活动提供了重要协助。赴墨脱县调研前，西藏社科院索林院长及相关院领导和研究人员在拉萨与调研组全体成员进行了座谈交流，索林院长重点介绍了截至2020年西藏打赢脱贫攻坚战的巨大成就、农牧区人民群众生活和精神面貌的可喜变化。西藏社科院农村经济研究所副所长徐伍达副研究员，具体介绍了西藏和平解放以来发展进步的历史进程，就党中央和自治区党委及政府推动落实西藏脱贫攻坚的相关政策、措施进行了说明，并通过大量研究数据对脱贫攻坚期间西藏经济社会的发展变化，特别是基础设施建设、特色产业发展、医疗卫生、文化教育、人民生活水平的提升以及全国对口援藏等方面取得的成就进行了阐释。调研组成员就西藏脱贫攻坚取得的经验、此次调研涉及的相关事项等与西藏社科院领导和学者进行了交流。调研组在西藏社科院的座谈交流取得丰富成果，为在墨脱县开展调研打下良好基础。

离开拉萨，沿着林拉公路（林芝到拉萨公路）至连接墨脱县的墨扎公路（墨脱县墨脱镇到波密县扎木镇公路），调研组开启赴墨脱县调研之旅。沿途，从海拔 3600 米的拉萨到海拔 4889.6 米的米拉山隧道，再到海拔 1200 米的墨脱县，如坐长途过山车般，高山、峡谷、河流、冰川一幕幕从眼前划过，让人不禁感叹祖国西藏河山的壮美与震撼。不过，念想着此次调研的主题，每当看到丰茂的草地、悠闲吃草的牦牛、整洁漂亮的房屋、忙着经营生意的当地人，特别是平坦标准、蜿蜒远方的公路，更易令人感受到扑面而来的脱贫致富和发展的气息。

进入墨脱，最先感受到的，便是那条使墨脱县摆脱不通公路的历史、加快实现脱贫攻坚胜利的著名的“墨扎公路”。驱车行走于这条弯弯曲曲、上下起伏、但路面平整的乡镇级标准公路上，再看看山高谷深、水流奔腾急转的雅鲁藏布江大峡谷，总会即刻感受到公路建设的艰难与不易，并由此联想到墨脱县脱贫成功的艰难不易。由于山体陡峭、地势所限，墨扎公路绝大部分路段只能开出单车道，对向错车需要找机会、找合适点位。也正因为如此，遇有山体滑坡导致路面损坏或阻塞时，通常会实施隔日单向行驶措施，以免双向交通完全对堵瘫痪。所幸的是，墨扎公路的维修养护总是及时到位，一旦发现滑坡堵塞或其它险情，驾驶大型推土机和铲车等工程机械的养护人员总会第一时间到场处理，并在最短时间内恢复通车。正是有了这条曲折坚强的公路，进出墨脱县的产品和物资才得以顺利流通，墨脱县难以与外界联系的历史才得以重新书写，墨脱县的特色产业和文化产品才得到全新的发展。

在墨脱县的调研得到墨脱县委县政府和县委宣传部的大力

协助与支持，宣传部常务副部长旦增多吉和副部长刘斌具体协调或全程陪同调研组的相关活动。在展开实地调研之前，墨脱县政府专门召开“中国社会科学院西亚非洲研究所赴墨脱县扶贫调研座谈会”。会议由李勇副县长主持，县脱贫攻坚各专项组负责人和调研组全体成员参加，县扶贫办有关负责同志全面介绍了墨脱县整体脱贫情况，其后双方围绕脱贫攻坚和此次调研相关问题和事项进行了深入交流和讨论。座谈会为调研组了解墨脱县整体脱贫情况和计划安排相关调研活动提供了良好基础。

此次调研活动涉及墨脱县扶贫脱贫政策、措施的实效性、农牧民生产生活状况的积极变化、特色产业发展、医疗卫生保障体系及实际成效、道路等基础设施建设、新农村建设、民族及传统文化保护等多个方面，调研取得积极成效。期间，背崩乡地东村的新农村建设给调研组成员留下深刻印象。根据墨脱县完善村庄“水电路讯网”基础设施及公共服务设施的要求，地东村早已实现水电入村入户，实现清洁用水、持续用电。村子里环境干净整洁，村内村外道路虽然依地形起伏，但路面多以沥青铺设，平坦宽敞。小康村建设在地东村成果显著，深受村民的肯定和赞赏。在住房改造升级政策和资金支持下，村民的居住条件发生巨大变化。新的房屋配有宽敞的庭院，其建筑风格也延续了当地门巴族和珞巴族民族建筑特色，非常舒适漂亮，与老旧房屋形成鲜明对照。小康村建设极大改变了当地人民的生活生产条件，改变了村民的精神面貌。

医疗卫生是地东村脱贫成果的亮点之一。调研组有幸在村卫生室进行了较长时间调研，与村主任及村里医生座谈，了解到地东村共有 3 名村医，白天以务农为主，轮流在村卫生室值班、提供村医随访服务。如村民遇到身体不适，如高血压、感冒发烧，可随时通过电话、手机与村医联系，村医可到访患者家里提供诊疗、救治或转诊建议。医务室整洁的就诊环境和墙上粘贴的各种卫生健康诊疗规范及宣传图片令人印象深刻。

茶产业是墨脱县的特色产业，在茶园的参观调研是此次调研组安排的重点项目。拾步点缀于青山白云间的一片片茶园，条条茶丛如绿龙簇拥蜿蜒，与周围自然景色融合为一幅幅迷幻的人间美景，仿佛可以在不经意间悠然领略到墨脱茶的深邃、幽香与独特。茶园一般独立成片，各自面积大小不等，所见茶叶植株都长势良好，特别是枝头顶端淡绿发亮、孕育着稚嫩生机的叶芽，似乎飘然散发着沁人心脾的茶香。比较而言，最为壮观的莫过种植于雅鲁藏布江大拐弯中间山巅的茶园，在奔腾不息的雅鲁藏布江的环绕中显得脱俗、高贵而富有气势，又在时而缭绕的云层朦胧下平添了几分神秘。如果说在茶园是一种间接的感受，那么移步宽敞明亮的茶叶加工车间，则即刻置身于茶的世界。加工后的墨脱茶叶味道自成一派，绿茶喝起来淡雅中透着回甘，红茶则色泽深红，口感柔顺醇郁，颇有高山峡谷气息。据茶厂管理人员介绍，由于产量有限，墨脱茶尚仅能供应拉萨或西藏部分地区，若要扩大市场，需先扩大产能和种植面积，还需要统筹考虑。然而，无论如何，现有的茶叶生产加工已经成为墨脱县的支柱性特色产业，其产值已成为当地脱贫及群众生活收入的重要来源。

除了茶产业外，墨脱县还盛产石锅，并已形成产业。墨脱石锅历史悠久，可上溯至新石器时代，据说至今布达拉宫还保存着松赞干布使用过的石锅。石锅原料采自雅鲁藏布大峡谷内侧南迦巴瓦峰崖壁上的皂石，颜色为灰白色、灰褐色，质地绵软，凿石为锅，具有导热快、不粘锅、不变色等特点。随着技术的进步及电动加工工具的应用，墨脱石锅切割、打磨工艺更加精湛，锅体雕花刻字，更凸显出传统文化底蕴。2015 年，原国家质检总局批准对墨脱石锅实施地理标志产品保护。为推广销售，墨脱县成立石锅文化产业有限公司，主打经营墨脱石锅及手工艺制品的生产、加工、销售，电子商务及进出口贸易。2019 年墨脱县全年销售石锅胚料 6384 个、石锅成品 6990 个，带动群众增收1234.9万元。除石锅外，竹编也是墨脱县又一特色产业，2019年带动群众增收260万余元。[①]

结束在墨脱县的调研，调研组专程前往位于林芝市巴宜区鲁朗镇的援藏纪念馆进行调研。纪念馆以图文、影视等形式展出，集中体现了我国开展对口援藏工作的丰硕成果，展现了援藏干部勇于奉献、和当地农牧民一起维护民族团结、实现脱贫攻坚胜利的奋斗历程，特别展示了广东省对口支援西藏建设和脱贫攻坚取得的成就。在援藏纪念馆的参观给此次调研提供了宏观的横向视角，为后续报告的写作提供了更加充实的视角和思路。

对于中国社会科学院西亚非洲研究所（中国非洲研究院）"民族问题与非洲发展研究"项目调研组而言，本次西藏墨脱县脱贫攻坚调研活动的重要收获之一，就是实地见证和认识了中国少数民族地区脱贫攻坚的成功案例，并将中国脱贫攻坚的成功经验介绍给贫困问题突出且急需实现脱贫的非洲国家。相比已经完成脱贫攻坚任务的中国（尽管仍需不断巩固脱贫成果），非洲国家仍面临贫困和发展问题的巨大挑战，面临实现联合国"2030年议程"可持续发展目标的艰巨任务。从总体发展目标看，中非双方共同面临着在21世纪中期完全实现现代化的重大目标。相关研究和调研证明，中国的脱贫经验能够为非洲脱贫提供有益借鉴，中非双方在脱贫领域的交流合作有利于中非双方及全球发展，有利于推动"一带一路"合作，有利于中非及全人类命运共同体的建设和发展。

"民族问题与非洲发展研究"创新项目组两位首席研究员李新烽和张永蓬共同策划实施了此次调研活动，设计了本报告的

① 墨脱县统计局：《2019年墨脱县国民经济和社会发展公报》，墨脱县人民政府网，2020年1月15日，http://www.linzhi.gov.cn/mtx/zwgk/202012/49b019515b484eaba8f4516dbcde8277.shtml。

基本框架结构，安排了本报告的章节写作任务，并对最终书稿各个章节进行了仔细审阅和统稿，调研组成员分工明确，认真负责，及时详细记录了调研相关情况和数据，各章作者认真按时完成了各自的写作任务，为本报告划上了句号。西藏社科院农村经济研究所副所长徐伍达副研究员参与了本报告第一章和第十章的写作，其它章节由调研组成员完成。

本报告原计划作为“中国脱贫攻坚系列调研报告”第13卷于2021年出版，受新冠肺炎疫情等因素影响，推迟到2022年才得以出版。值得一提的是，“民族问题与非洲发展研究”创新项目组已于2021年12月提前一年完成研究任务结项，并获得了“优秀”等级，本报告书稿作为结项成果之一为项目增光添彩。

值此报告出版之际，特别感谢西藏社会科学院领导及相关专家为本次调研活动提供的支持和帮助，感谢徐伍达副所长的参与和支持；特别感谢中国社会科学院援藏干部、西藏自治区社会科学院党组成员、副院长徐文华和《世界文学》编辑部匡咏梅为此次调研提供的协助和帮助；特别感谢墨脱县委县政府和县委宣传部给本次调研活动提供的支持和帮助，感谢宣传部旦增多吉常务副部长和刘斌副部长具体协调和全程陪同调研组的相关活动，感谢县政府扶贫办为调研组提供《墨脱县志》等重要参考资料。

一　西藏脱贫攻坚的历程、举措和成就

消除贫困、改善民生、逐步实现共同富裕，是社会主义的本质要求，是中国共产党的重要使命。改革开放以来，国家实施大规模扶贫开发，使全国7亿农村贫困人口摆脱贫困，取得了举世瞩目的伟大成就，谱写了人类反贫困历史上的辉煌篇章。党的十八大以来，以习近平同志为核心的党中央站在实现第一个百年奋斗目标、实现中华民族伟大复兴中国梦的战略高度，把脱贫攻坚摆到治国理政的重要位置，举全党全社会之力推进脱贫攻坚，创造了中国反贫困历史上的最好成绩。西藏是全国唯一的省级集中连片特殊贫困地区，是典型的贫中之贫、困中之困、坚中之坚，位列全国深度贫困地区“三区三州”之首。脱贫攻坚战打响以来，在党中央的特殊关心和全国人民的大力支援下，西藏自治区始终把打赢脱贫攻坚战作为重大政治任务和第一民生工程，把贫困人口脱贫作为全面建成小康社会的底线任务和标志性指标，把脱贫攻坚作为总揽经济社会发展全局和实施乡村振兴战略的优先任务，坚持精准扶贫精准脱贫基本方略，聚焦“两不愁三保障”，精准识别、精准帮扶、精准管理，突出问题导向、优化政策供给、下足绣花功夫，累计实现了62.8万贫困人口脱贫、74个贫困县（区）全部摘帽，贫困发生率降为零，脱贫攻坚战取得决定性进展，成为“三区三州”中率先脱贫的地区之一，在世界屋脊历史性地消除绝对贫困。

这一成就意义非凡，消除了西藏千百年来存在的绝对贫困，贫困人口物质生活极大改善，精神面貌焕然一新，农牧区生产生活条件发生了翻天覆地的变化，为全面建成小康社会、推进乡村振兴战略和缓解相对贫困问题奠定了坚实基础。

（一）西藏自治区概况

中国是一个统一的多民族国家，西藏自古以来就是中国不可分割的一部分，生活在雪域高原的藏族和门巴族、珞巴族等少数民族是中华民族大家庭的重要成员，在历史长河中与祖国其他地区的经济、政治、文化往来十分密切，为统一多民族国家的缔造与发展、为中华民族的形成和发展作出了重要贡献。

（一）历史沿革

西藏古称“蕃”，简称“藏”。在唐宋时期称为“吐蕃”，元明时期称为“乌斯藏”，清朝初期称为“唐古特”“图伯特”等，清朝康熙年间起称“西藏”至今。

西藏历史悠久，在山南、昌都、那曲等地发现的旧、新石器时期文化遗存，均存在与黄河流域同时期文化相同或相似的特征。4000 多年前，西藏已经出现了许多氏族部落和氏族村落。此后，经过漫长的发展，西藏高原众多的氏族部落逐渐发展为少数几个部落集团或部落联盟。公元前 4 世纪，西藏地区逐渐形成了 3 个势力较大的部落联盟，分别是象雄、雅隆和苏毗。

公元前 3 世纪，雅隆部落首领聂尺赞普将努部等小邦收为属民，雅隆部落开始进入奴隶社会。7 世纪初，松赞干布实现了西藏高原的统一，定都逻些（今拉萨），建立了统一的吐蕃地方政权，佛教也在此时由中国内地、尼泊尔、印度传入吐蕃，与吐蕃本土宗教——苯教经过相互吸收和融合后逐渐形成藏传佛教。松赞干布注重向周边民族学习先进文明，两次派遣大臣赴唐廷求婚，于641年迎娶唐朝文成公主；第36任赞普尺带珠丹于710年迎娶唐朝金城公主，吐蕃与唐朝在政治、经济、文化等方面建立了密切的联系。822年，唐蕃在拉萨会盟，双方重申了历史上“和同为一家”的舅甥亲谊，刻制了三块“唐蕃会盟碑”，其中一块至今仍矗立于拉萨大昭寺前。

755年，极力推崇佛教的赞普尺带珠丹被反对佛教的大臣暗杀，继任赞普朗达玛下令禁止佛教，史称“朗达玛灭佛”，进一步激化了社会矛盾，在其死后引发内战，导致吐蕃王朝分崩离析。877年，吐蕃王朝彻底崩溃。此后的近四百年，西藏一直未能建立起统一政权，形成了各据一方、互不统属的割据势力。

1247年，西藏藏传佛教萨迦派领袖萨迦班智达·贡嘎坚赞同蒙古皇子阔端在凉州（今甘肃武威）议定西藏归顺蒙古汗国的条件，并在其扶持下，建立起萨迦地方政权，结束了西藏长期地方割据的局面。1271年，蒙古政权定国号为元，并于1279年统一了全中国，西藏正式被纳入中央政府的直接行政管辖之下。元朝设置总制院（后改称宣政院），直接管理西藏地区军政要务，下设宣慰使司都元帅府，具体负责今西藏大部分地区的军政事务，并敕封乌斯藏十三万户。

1368年，明朝建立。明朝在今西藏中部、东部及西部分别设立乌思藏行都指挥使司、朵甘行都指挥使司、俄力思军民元帅府，负责管理军政事务。同时，对西藏各教派采取“因其俗尚，多封众建”和“贡市羁縻”政策，对具有政治实力的佛教各派首领赐以“法王”“王”“灌顶国师”等名号，王位的继承须经皇帝批准并遣使册封。

1644年，清王朝取代了明王朝，进一步加强了对西藏的治理，1653年、1713年分别册封五世达赖喇嘛、五世班禅，正式确定了达赖喇嘛和班禅额尔德尼的封号。1719年，清政府派军队进入西藏，驱逐盘踞拉萨三年之久的准噶尔部，着手西藏的行政体制改革。1727年，清朝设驻藏大臣，代表中央监督西藏地方行政，驻藏大臣三年一换，从1727年设立驻藏大臣到清王朝覆灭，清朝中央政府正式派遣的驻藏大臣共173人次。1793年，清朝中央政府颁布《钦定藏内善后章程二十九条》，明确规定驻藏大臣具有下列权力：行政人事权，地位与达赖、班禅平等，但西藏地方一切事宜皆须经驻藏大臣转奏皇帝裁决；宗教监管权，规定实行“金瓶掣签”制度；军事权，设3000名正规军队；此外，还有司法权、外事权和财税权。

1911年，辛亥革命爆发，推翻了清朝统治，建立了中华民国。1912年，《中华民国临时约法》颁布，明确规定中央对西藏的主权，同年7月，民国政府设蒙藏事务局（后改称蒙藏院），隶属国务院，管理蒙藏事务。1929年，南京国民政府设立蒙藏委员会，主管藏族、蒙古族等少数民族地区行政事宜。1940年，国民政府在拉萨设立蒙藏委员会驻藏办事处，作为中央政府在西藏地方的常设机构，管理西藏事务。

1949年，中华人民共和国成立。中央确定以和平方式解放西藏，经过军事斗争和政治争取，于1951年5月23日签订了《中央人民政府和西藏地方政府关于和平解放西藏办法的协议》，西藏实现和平解放。1956年，西藏自治区筹备委员会成立。1959年3月10日，在国外反华势力的支持下，西藏上层反动集团经过精心策划，在拉萨挑起旨在分裂祖国、维护封建农奴制的全面武装叛乱，中央人民政府命令驻藏人民解放军平息了叛乱。1959年3月28日，国务院发布命令，宣布解散西藏地方政府，由西藏自治区筹备委员会行使西藏地方政府职权。中央人民政府顺应西藏人民的意愿，在西藏进行了民主改革，废除了封建农奴制度，百万农奴和奴隶翻身解放，获得了人身自由，成为新中国的主人。1965年9月，西藏自治区正式成立，自治区首府设在拉萨。

（二）地理概况

西藏自治区地处祖国西南边陲，全区面积120多万平方千米，居全国各省（区、市）第二位。位于东经78°24′—99°06′，北纬26°52′—36°32′。北与新疆维吾尔自治区及青海省毗邻，东隔金沙江与四川省相望，东南与云南省山水相连，南面和西面与印度、尼泊尔、不丹、缅甸四国及克什米尔地区接壤，边境线长4000多千米，占全国陆地边境线的1/6，是我国西南边疆的重要门户和屏障，战略位置十分重要。全区平均海拔4000米以上，南北最宽900多千米，东西最长达2000多千米，境内群山巍峨，河流、湖泊广布，高寒缺氧，地广人稀，资源丰富。

1. **地形**

西藏位于青藏高原的西部和南部，占青藏高原面积的一半以上，海拔4000米以上的地区占全区总面积的85.1%，素有“世界屋脊”和“地球第三极”之称，是世界上海拔最高的地方。全区地形可分为藏北高原、雅鲁藏布江流域、藏东峡谷地带三大区域。境内山脉大致可分为东西向和南北向两组，主要有喜马拉雅山脉、喀喇昆仑山—唐古拉山脉、昆仑山脉、冈底斯—念青唐古拉山脉和横断山脉，境内海拔超过8000米的高峰有5座，其中，海拔8844.43米的世界第一高峰珠穆朗玛峰就耸立在中尼边界上。西藏的平原主要分布在西起萨嘎、东止米林的雅鲁藏布江中游若干河段以及拉萨河、年楚河、尼洋河中下游河段和易贡藏布、朋曲、隆子河、森格藏布、朗钦藏布等的中游河段，是西藏农牧业比较集中的地区。

2. **水系**

西藏水资源丰富，是中国水域面积最大的省级行政区，地表水包括河流、湖泊、沼泽、冰川等多种存在形式，其中河流、湖泊是最重要的部分。西藏境内流域面积大于1万平方千米的河流有28条，大于2000平方千米的河流多达100余条，是中国河流最多的省区之一。亚洲著名的长江、怒江（萨尔温江）、澜沧江（湄公河）、印度河、恒河、雅鲁藏布江（布拉马普特拉河）都发源或流经西藏。西藏湖泊众多，共有大小湖泊1500多个，总面积达2.4万平方千米，居全国首位，其中面积超过1平方千米的有816个，超过1000平方千米的有3个，即纳木措、色林措和扎日南木措。西藏有冰川11468条，冰川面积达28645平方千米，占全国的49%，冰储量约25330亿立方米，占全国的45.32%，年融水量310亿立方米，占全国的53.4%，均居全国之首。

3. **气候**

西藏空气稀薄，气压低，含氧量少，平均空气密度为海平面空气密度的60%—70%，高原空气含氧量比海平面少35%—40%。太阳辐射强烈，日照时间长，年日照时数为1443.5—3574.3小时，其中阿里地区大部、日喀则市西部在3000小时以上，那曲地区中西部、日喀则市东部、山南市西部为2800—3300小时，那曲地区东部、昌都市西部、拉萨河河谷、年楚河河谷为2500—3000小时。气温低，积温少，昼夜温差大，年平均气温为-2.4℃—12.1℃，自东南向西北递减，月平均气温6月或7月最高，1月最低，大部分地区气温日较差在15℃以上，气温日较差冬季大、夏季小。降水少，季节性明显，夜雨率高，年降水量在66.3—894.5毫米之间，呈东南向西北递减分布规律，年内降水高度集中，在5—9月，占年降水量的80%—95%。干季时间长，多大风，夏季多冰雹和雷暴，大部分地区年大风日数在30天以上，西部和北部高达100—160天，以冬、春季最多，西藏冰雹多，居全国之首。气象灾害种类多、发生频率高，干旱、洪涝、雪灾、霜冻、冰雹、雷电、大风、沙尘暴等灾害性天气频繁发生。气候类型复杂，垂直变化大，自东南向西北依次为：热带、亚热带、高原温带、高原亚寒带、高原寒带。区域气候变暖明显，尤其是1991—2010年西藏增温强烈，升温率达0.79℃/10年，明显高于全国其他区域。

4. 植被

西藏各地的植被从东南向西北依次呈现森林、草甸、草原和荒漠，并可划分为7个主要类型，即阔叶林、针叶林、灌丛、草甸、草原、荒漠和高山植被。据统计，全区有高等植物6600多种，有270多科1510余属，其中有我国独有或西藏独有的多种植物，受国家重点保护的珍稀植物有38种，列入自治区重点保护植物有40种，另有214种被列入《濒危野生动植物种国际贸易公约》附录。如，墨脱县南部的广大低山地区，堪称“西藏的西双版纳”。据初步统计，共有高等植物6400多种，其中，苔藓植物700余种，维管束植物（蕨类和种子植物）5700余种，还有藻类植物2376种，真菌878种。就种子植物而言，其数量在全国名列第三位。

5. 自然资源

西藏境内河流纵横、湖泊棋布，水能资源潜力很大；连绵的雪山峡谷和人迹稀少的三江流域及冈底斯山脉，各种矿藏十分丰富；藏东、藏南的莽莽林海，奇花异木、珍禽异兽难以数计。一是光照资源。西藏是全球日照条件最好的地区之一，拥有全国最多的太阳能日照资源，太阳年总辐射值达到140—200千卡/平方厘米，是我国东部沿海地区的近两倍。二是风力资源。西藏是全国大风（≥8级或17米/秒）最多的地区之一，年平均大风日数多达100—150天，最多可达200天，比同纬度的我国东部地区多4—30倍。三是水资源。西藏作为亚洲和中华水塔。西藏是中国重要的水资源战略储备区域，是中国乃至南亚和东南亚地区重要的“江河源”和“生态源”，被称为“亚洲水塔”。据统计，全区水资源总量4394.65亿立方米（不含地下水），占全国河川径流总量的16.21%，居全国第一位；人均水资源占有量和亩均占有水量也均居全国第一；全区水能资源理论蕴藏量2.1亿千瓦、技术可开发量1.4亿千瓦，均居全国首位。四是草场耕地资源。全区约有86%的土地分布在海拔

4000 米以上。主要以牧草地和未利用地居多，耕地和林地较少，其利用方式以牧业为主，少部分低海拔河谷地区为农业用地。西藏土壤类型很多，按其成土特点、分布规律和主要利用方向，可划分为森林土壤、农业土壤、牧业土壤和难利用土壤四大类型。其中，耕作土壤归属 16 个大类，主要有山地灌丛草原土、潮土和亚高山草原土，分别占全区耕种土壤面积的 33.81%、12.83%和 12.38%。全区有天然草地 13.34 亿亩，约占全区总面积的 74.11%，位居全国第一位，其中可利用天然草地面积 11.29 亿亩；耕地面积 662.66 万亩，其中水田 62.26 万亩、水浇地 398.21 万亩、旱地 202.19 万亩，农作物播种面积稳定在 377.02 万亩。耕种主要分布在冈底斯山—念青唐古拉山以南的河谷和三江流域河谷洪积扇、洪积台地、冲积阶地以及湖盆阶地，耕种土壤分布的海拔之高，垂直跨度之大属世界之最。五是森林资源。全区林地面积 1783.64 万公顷，森林面积 1471.56 万公顷，人均森林面积 49000 平方米，居全国第一；活立木总蓄积量为 22.88 亿立方米，居全国之首。人均拥有活立木蓄积量达 762 立方米，森林覆盖率为 12.14%，为全国第五大林区。六是植物资源。全区有野生植物 9600 多种，其中 855 种为西藏特有，高等植物 6600 多种，其中苔藓植物 700 余种，蕨类和种子植物 5900 余种。食用菌有松茸等 415 种，药用菌有灵芝等 238 种。农作物方面，全区有青稞、小麦、玉米、油菜、豆类等品种及约 20 个科 110 余种的蔬菜。七是动物资源。全区有野生脊椎动物 795 种（其中 125 种为国家重点保护野生动物，占全国重点保护野生动物种类的 1/3 以上，196 种为西藏特有），其中哺乳类 145 种，鸟类 492 种（其中 22 种为西藏特有），爬行类 55 种，两栖类 45 种，鱼类 58 种；有昆虫 4200 余种、水生浮游动物 760 多种。全区大中型野生动物数量居全国第一位，藏羚羊数量占世界上整个种群数量的 80%以上，黑颈鹤越冬数量占世界上整个种群数量的 80%，野牦牛数量占世界上整个种群数量的78%。八是湿地资源。西藏拥有各类湿地面积652.9万公顷，占全区土地面积的5.3%；湿地面积居全国第二，是我国湿地类型齐全、数量最为丰富的省区之一。90%以上的湿地保持原生状态，其中玛旁雍错、麦地卡被列入国际重要湿地名录。九是矿产资源。西藏目前已发现的矿种（亚种）有103种，查明矿产资源储量的矿种49种，矿床、矿点及矿化点3000余处。其中发现能源矿产5种，查明资源储量的3种；发现金属矿产32种，查明资源储量的19种；发现非金属矿产64种，查明资源储量的26种；发现水汽矿产2种，查明资源储量的1种。全区已发现的优势矿产资源主要有：铜、铬、铅锌银多金属、钼、铁、锑、金、盐湖锂硼钾矿、高温地热、天然矿泉水等，均具有广阔的找矿前景。在查明矿产资源储量的矿产中，铬、铜保有资源储量，盐湖锂矿资源远景及高温地热储量在全国排名第一。

6. 文旅资源

西藏独特的高原地理环境和历史文化，催生了数量众多、类型丰富、品质优异、典型性强、保存原始的旅游资源。全国165个旅游资源基本类型中，西藏有110个，占全国的2/3，在全国旅游资源系统中处于不可替代的重要地位。

西藏共有各级各类风景名胜资源点1424处，优良以上资源点99处，目前可供游览的景点300多处。已开发A级旅游景区76处，其中，国家5A级2处、4A级14处、3A级18处、2A级28处、1A级14处。西藏拥有世界文化遗产1处，即布达拉宫—大昭寺—罗布林卡；国家地质公园3处，即易贡、札达土林、羊八井；国家级风景名胜区3处，即纳木措—念青唐古拉山、雅砻河、唐古拉山—怒江源；国家森林公园9个，即巴松错、色季拉、玛旁雍错、然乌湖、姐德秀、班公湖、热振、尼木、比日神山；中国优秀旅游城市1座，即拉萨市；国家历史文化名城3座，即拉萨、日喀则、江孜；历史文化名镇

2 处，即山南市昌珠镇、日喀则市萨迦镇；自治区级风景名胜区 16 处；各级自然保护区 47 个，其中国家级 9 个，自治区级 14 个，地县级 24 个，保护区面积占全区土地面积的 34. 35%，居全国首位。

西藏境内分布着众多的文物古迹，全区共有包括古遗址、古建筑、古墓在内的不可移动文物点 4277 处，已登记各类文物保护单位 1424 处，其中全国重点文物保护单位 55 处。如，布达拉宫是西藏现存最大、最完整的古堡建筑群，和平解放前是历世达赖的冬宫，1994 年被列入世界文化遗产名录，位于拉萨市中心；大昭寺位于拉萨市中心，2000 年列入世界文化遗产布达拉宫的扩展项目；哲蚌寺为藏传佛教格鲁派在拉萨三大寺中的最大寺庙，位于拉萨市西郊。保存完好、管理有序的寺庙 1700 多座。据统计，2018 年西藏文化及相关产业增加值为 73. 68 亿元，占全区生产总值比重为 4. 8%。

2019 年，西藏旅游业持续保持高速增长和健康发展的良好态势，全年全区累计接待海内外游客 4012. 15 万人次，同比增长 19. 1%，实现旅游总收入 559. 28 亿元，同比增长 14. 1%，对全区经济社会发展贡献率达 33%。此外，作为旅游扶贫的重要载体，西藏打造了 278 个乡村旅游重点村。

（三）人口区划

西藏是以藏族为主体的少数民族自治区，全区还有汉族、门巴族、珞巴族、回族、纳西族等 45 个民族及未识别民族成分的僜人、夏尔巴人，以藏族和其他少数民族为主。截至 2019 年底，全区常住人口为 350. 56 万人，其中，城镇人口 110. 56 万人，占总人口的 31. 54%；乡村人口 240. 00 万人，占总人口的 68. 46%。人口出生率为 14. 60‰，死亡率为 4. 46‰，自然增长率为 10. 14‰。教育事业优先发展，实行“三包”政策和 15 年公费教育，人均受教育年限达到 9. 55 年。医疗卫生水平大幅提高，人均预期寿命从和平解放前的35.5岁提高到70.6岁。从图1－1可见，西藏城镇化水平较改革开放初期实现了大幅提升，2019年全区城镇化率达到31.54%，比1975年增长了21.14个百分点。同时，农牧区剩余劳动力向城镇流动和向非农产业转移，乡村人口占总人口的比重降至68.46%。但西藏城镇化水平是全国最低的地区，仅相当于全国城镇化率的52.05%。在“十三五”时期，西藏打造以拉萨为中心，辐射日喀则、山南、林芝、那曲的3小时经济圈，推进拉萨与山南一体化发展。

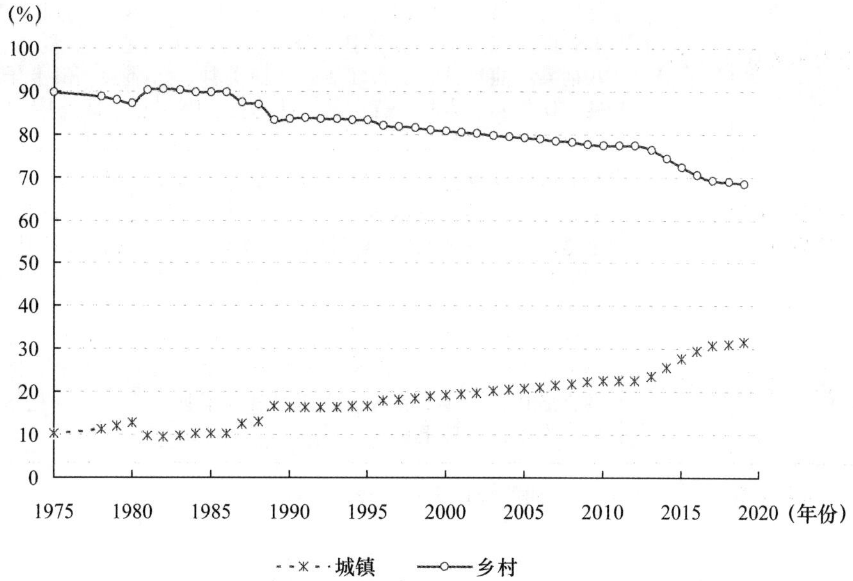

图1－1 1975—2019年西藏人口结构变化情况

资料来源：根据2007年和2020年《西藏统计年鉴》整理。

2019年底，西藏有6个地级市、1个地区，即拉萨市、日喀则市、山南市、林芝市、昌都市、那曲市、阿里地区；74个县（区），街道办事处21个；676个乡镇（街道办事处），其中乡534个、镇142个；5482个行政村（居委会），包括行政村5263个、居委会219个。

表 1－1　　西藏县域类型划分

分类	个数	县（区）名称
农业县	35	城关区、堆龙德庆区、达孜区、尼木县、曲水县、墨竹工卡县、桑珠孜区、江孜县、白朗县、定日县、萨迦县、拉孜县、定结县、南木林县、仁布县、吉隆县、聂拉木县、左贡县、芒康县、洛隆县、边坝县、巴宜区、米林县、墨脱县、波密县、察隅县、朗县、乃东区、扎囊县、贡嘎县、桑日县、琼结县、洛扎县、加查县、隆子县
牧业县	15	当雄县、仲巴县、萨嘎县、色尼区、嘉黎县、聂荣县、安多县、申扎县、班戈县、巴青县、尼玛县、双湖县、革吉县、改则县、措勤县
半农半牧县	24	林周县、昂仁县、谢通门县、康马县、亚东县、岗巴县、卡若区、江达县、贡觉县、类乌齐县、丁青县、察雅县、八宿县、曲松县、工布江达县、措美县、错那县、浪卡子县、比如县、索县、普兰县、札达县、噶尔县、日土县
“一江两河”开发县	18	城关区、堆龙德庆区、达孜区、墨竹工卡县、林周县、尼木县、曲水县、桑珠孜区、南木林县、江孜县、拉孜县、谢通门县、白朗县、乃东区、扎囊县、贡嘎县、桑日县、琼结县
边境县	21	定日县、康马县、定结县、仲巴县、亚东县、吉隆县、聂拉木县、萨嘎县、岗巴县、米林县、墨脱县、察隅县、朗县、洛扎县、隆子县、错那县、浪卡子县、普兰县、札达县、噶尔县、日土县

资料来源：根据 2020 年《西藏统计年鉴》整理。

西藏复杂的自然地理环境决定了不同的生产、生态和生活形态，县域类型分为农业县、牧业县和半农半牧县（见表 1－1）。其中，农业县有 35 个，占县（区）总数的 47.3%；牧业县有 15 个，占县（区）总数的 20.3%；半农半牧县有 24 个，县（区）总数的 32.4%。农业综合开发将 18 个县（区）作为“一江两河”（雅鲁藏布江、拉萨河和年楚河）开发县，占县（区）总数的 24.3%。此外，西藏还有 21 个边境县，占县（区）总数的 28.4%。

（四）经济社会

西藏和平解放以来，在中国共产党的坚强领导下，西藏各族人民团结一心，迎难而上，开拓进取，奋力前行，从封闭落后迈向开放进步，从温饱不足迈向全面小康，从积贫积弱迈向繁荣富强，创造了“短短几十年，跨越上千年”的历史巨变。

1. 经济发展

西藏通过民主改革彻底废除黑暗落后的封建农奴制度，实现社会制度历史性跨越。在旧西藏连做人的基本权利都没有的百万农奴成为国家和社会的主人，依法拥有并享受着广泛的政治、经济、文化、社会权利，思想观念和精神面貌发生了深刻变化。经过民主改革和成立自治区，西藏各族人民走上了社会主义康庄大道。随着改革开放政策的实施，极大地解放和发展了西藏的社会生产力，中央制定的一系列特殊优惠政策，为西藏经济社会发展注入强大推动力。西藏根据区情，在党中央的亲切关怀和全国的大力支援下，不断地把内地先进的发展模式、发展经验与西藏实际相结合，创新出符合西藏特点的经济结构和发展方式。经济总量实现了巨大飞跃，全区生产总值由 1978 年的 6.65 亿元增长到 2019 年的 1697.82 亿元，年均增长 10.5%。经济结构持续优化，第一产业增加值在国内生产总值中的比重从 1959 年的 73.6% 下降到 2019 年的 8.2%，第二、三产业比重分别上升到 37.4% 和 54.4%。西藏农牧业彻底走出了靠天吃饭、靠天养畜的困局，现代化程度不断提高。农林牧渔业总产值（含农林牧渔服务业）由 1959 年的 1.44 亿元增加到 2019 年的 212.81 亿元。粮食产量由 1959 年的 18.29 万吨增加到 2019 年的 104.71 万吨；粮食单产由 1959 年的 1370 千克/公顷提高到 2019 年的 5668 千克/公顷。农牧业特色产业从小到大、快速发展，具有西藏高原特色的农牧业品牌建设成效显著，建成了一大批优质粮油生产、无公害蔬菜种植、标准化奶牛规模养殖、特色藏猪藏鸡养殖、绒山羊养殖等特色产业基地。现代工业从无到有，不断发展壮大。西藏已建立起一个包括能源、建材、机械、采矿、轻工、食品加工、民族手工业、藏医药等20多个门类的现代工业体系，并告别传统的生产模式，逐步达到现代化水平。以水电为主，油、气和可再生能源互补的综合能源体系基本形成，实现青藏、川藏电力联网。工业增加值从1959年的0.15亿元增加到2019年的131.72亿元。目前已基本形成了以公路、铁路、航空为主体的综合立体交通网络。第三产业蓬勃发展，全域旅游快速推进。2019年接待游客4012.15万人次，旅游总收入559.28亿元，十多万农牧民借助旅游业增收致富，世界旅游目的地建设成效初显。商贸物流、金融保险、电子商务、物流配送等新业态发展迅速，正成长为新的经济增长点。

2. 民生福祉

关注民生、重视民生、保障民生、改善民生，是党和政府的神圣职责和终极目标。党的十八大以来，在习近平新时代中国特色社会主义思想指引下，自治区党委、政府认真贯彻落实以习近平同志为核心的党中央关于改善民生的决策部署，坚持把改善民生、凝聚人心作为经济发展的出发点和落脚点，坚持本级财政收入的70%以上用于保障和改善民生，坚持困难麻烦由政府解决，把方便实惠送给群众，基本实现了“幼有所育、学有所教、劳有所得、病有所医、住有所居、弱有所扶”。人民群众生活水平不断提高，2019年，城镇居民人均可支配收入37410元，农村居民人均可支配收入12951元。持续推进农牧民安居工程、民房危房改造、抗震加固、农村人居环境改善、扶贫搬迁、小康村建设、城镇棚户区改造和保障房建设，全区城乡群众普遍住上安全适用房屋。累计实施2639个产业扶贫项目，带动23.8万建档立卡贫困人口脱贫；“三岩”片区跨市整体搬迁入住6840人，易地扶贫搬迁任务基本完成；推进“智志双扶”，累计培训贫困劳动力15.5万人次，转移就业18.6万人；贫困地区“两不愁三保障”问题全部解决，全区建档立卡贫困人口全部脱贫销号，贫困发生率降至0，雪域高原历史性消除绝对贫困。教育事业优先发展，在全国最早实行“三包”政策和15年免费教育，学前双语幼儿园覆盖66.8%的行政村(居)，义务教育巩固率在95%以上，青壮年文盲率下降到0.52%，劳动力人口受教育平均年限达到8.6年；社会就业更加充分，农牧民就近就业和外出务工齐头并进，高校毕业生政府就业和市场就业同向发力；医疗卫生水平大幅提高，城乡居民基本医保财政补贴标准提高到人均555元，城镇居民大病保险、农牧民大病保险保费分别提高到人均72元和33元，医疗人才“组团式”援藏带动医疗服务质量提升，“互联网+医疗健康”覆盖20%以上医院，圆满完成包虫病综合防治，医疗保障实现全覆盖，人均预期寿命从35.5岁提高到70.6岁；群众精神文化生活丰富多彩，群众文体设施不断增多，广播、电视综合人口覆盖率分别达到98.1%和98.6%，民族传统文化得到保护传承，“锅庄”“弦子”风靡城乡，格萨尔、藏戏等世界文化遗产璀璨夺目；覆盖城乡的社会保障体系日益健全，各类社会保险参保达到658万人次，城乡低保等多项惠民政策连续提标扩面，2019年1月西藏将城市低保标准提高到每人每年9600元，农村低保标准保持每人每年4450元，五保供养标准提高到每人每年4940元。建立了残疾儿童康复救助制度，贫困老年人、残疾人、儿童等特殊群体实现“应保尽保、应救尽救”。

3. 社会稳定

西藏工作的着眼点和着力点必须放到维护祖国统一、加强民族团结上来，把实现社会局势的持续稳定、长期稳定、全面稳定作为硬任务，各方面工作统筹谋划、综合发力，牢牢掌握反分裂斗争主动权。中共中央第六次西藏工作座谈会召开以来，以习近平同志为核心的党中央提出“治国必治边、治边先稳藏”重要论述，这是指导西藏社会治理的根本遵循和行动指南。自治区党委、政府全面落实“以防患于未然为原则做工作、以防止出大事打基础做准备、以敢于担当落实责任为标准看干部”的要求，全面落实习近平总书记治边稳藏重要论述，深化网格化管理，防范打击达赖集团分裂破坏活动。公安大数据智能化应用不断深入推进、社会治安防控体系不断完善、网络综合治理体系建设稳步实施、群众“我要稳定”的思想基础进一步夯实。矛盾纠纷调解成功率93.5%，刑事案件发案率下降8.1%。扫黑除恶专项斗争取得决定性成果，打非治乱和扫黄打非深入开展，平安西藏建设进一步巩固。

依法治理民族事务，丰富载体方式内容，深化宣传教育，民族团结基础不断夯实，进一步树牢中华民族共同体意识。24个民族团结进步模范集体和30名模范个人受到国家表彰，日喀则市被命名为“全国民族团结进步示范市”，洛隆孜托镇、巴青县中学等5家单位被命名为第七批全国民族团结进步示范单位。西藏自然科学博物馆、“两路”精神纪念馆被命名为第六批全国民族进步教育基地。越来越多区外群众来藏兴业创业，西藏籍高校毕业生区外就业。

坚持宗教中国化方向，积极引导宗教与社会主义社会相适应。进一步加强和改进宗教活动场所管理，建立常态化机制。加强宗教事务管理规范化建设，开展《宗教事务条例》宣传教育。充分发挥爱国宗教人士作用，全面落实宗教信仰政策，正常的宗教活动依法受到保护。旗帜鲜明地消除十四世达赖利用宗教所产生的负面影响，淡化消极影响，教育引导群众理性对待宗教，用勤劳双手过好幸福生活。

4. 生态环境

随着经济社会的发展，特别是在全球气候变暖的背景下，筑牢国家生态安全屏障，西藏生态环境保护工作的紧迫性凸显出来。自1988年建立第一个珠峰自然保护区以来，西藏已建立47个各类自然保护区（国家级11个），保护区总面积41.22万平方千米，占全区土地面积的34.35%；建立了22个生态功能保护区（国家级1个），纳入国家重点生态功能保护区转移支付县达36个；建立了4个国家级风景名胜区、9个国家森林公园、22处国家湿地公园以及3个国家级地质公园。国家持续加大投入，对生态保护成本和发展机会成本实施生态补偿。2001年以来累计兑现森林、草原、湿地、重点生态功能区等各类生态效益补偿资金316亿元。西藏先后实施了生态安全屏障保护与建设工程和“两江四河”（雅鲁藏布江、怒江、拉萨河、年楚河、雅砻河、狮泉河）流域造林绿化工程，有条件的地方消除“无树村”“无树户”，生态保育效果显著。“生态+农牧”“生态+旅游”等产业不断壮大。昌都市、当雄县命名为国家生态文明建设示范市县，隆子县创建国家“绿水青山就是金山银山”实践创新基地。累计命名自治区级生态县17个、生态乡镇213个、生态村2373个。目前，全区森林覆盖率达到12.14%，森林面积1602.42万公顷（包括有林地、灌木林地、其他林地），森林蓄积量22.83亿立方米；全区天然草原综合植被盖度达45.9%，天然草原面积8893.33万公顷，湿地652.9万公顷，重要生态系统得到了有效保护。西藏持续实施了流域综合治理、农村与城镇人居环境改善、工矿污染防控等系列环境保护工程，组织实施江河湖库水系连通综合治理，积极开展那曲市水生态文明城市试点建设，有效保护了西藏的碧水蓝天。西藏全面落实河长制湖长制，在全国率先建设了江河源生态功能保护区，开展了对纳木措、羊卓雍措等重点湖泊流域的环境治理和生态修复。西藏主要江河湖泊基本处于天然状态，重要江河湖泊水功能区水质达标率为95.7%。环境空气质量优良率达到97.5%，珠穆朗玛峰区域环境空气质量继续保持在优良状态，达到一级标准。据有关监测表明，全区生物多样性和生态系统总体保持稳定，生态文明建设和生态环境保护取得显著成效，西藏是世界上环境质量最好的地区之一。

（二）西藏脱贫攻坚历程回顾

贫困治理属于民生工程，与贫困人群福利相关的各项措施被视为贫困治理历史进程的一部分。西藏的贫困治理的成就和问题，与改革开放中的体制转型和发展大背景息息相关。改革开放之前，西藏通过民主改革和社会主义改造完成农牧区社会资源的再分配，切断了产生贫富差距或两极分化的经济根源，通过平均收入分配、改善基本教育和健康，有效地消除了极端贫困现象。经济体制的不合理导致了严重的激励问题，“超支户”日益增多，以公社和生产队为基础的救济扶贫体系难以为继。以 1978 年改革开放为开端，在西藏大地上催生传统农牧业的进一步蜕变，奠定了农牧区和农牧业综合改革政策的基石，实现了农牧区经济社会的飞速发展，成就了民主改革以来农牧区发展的一次又一次历史性飞跃。伴随改革开放，西藏将贫困治理作为“三农”工作的主线和抓手，走出了一条具有西藏特点“政府主导、社会参与、开发扶贫、全面发展”的贫困治理道路，这 40 多年是农牧民生活质量提升最快、得实惠最多的历史时期。西藏体制改革推动了农牧区快速发展，贫困人口大幅减少，推动贫困治理体系的不断演进。

（一）从救济式扶贫转向生产式扶贫的阶段

同全国一样，以“两个长期不变”① 为主的家庭承包经营制开启了西藏农牧区改革。同时，从 1980 年起免征农牧业税，取消统购、派购任务。农牧区经济体制改革带来的经济高速增长，促使西藏农牧区反贫困方式由改革开放前分散的生活救济式扶贫逐

① 即：“农区实行土地归户使用，自主经营，长期不变；牧区实行牲畜归户，私有私养，自主经营，长期不变”。

渐向生产发展带动式扶贫转变。1984年，全面实施有组织、有计划的“四定”（定对象、定项目、定资金、定效益）扶贫行动，扶持了22个县100多个乡4457个村。从1985年起，西藏扶贫实行了“以生产扶持为主，生产与救济扶持相结合”的方针，对贫困户进行了调查摸底、分类排队、逐一施策，取得了良好效果，有7万多户37万人摆脱了贫困。1990年，中央批准实施“一江两河”中部流域综合开发和农业综合开发，显著改善了西藏粮食主产区的生产条件。这些政策、措施的出台有力地促进了西藏农村贫困地区经济的发展和人民生活水平的提高。这一时期，贫困人口由1978年的81万人下降到1994年的48万人。

（二）全面解决温饱问题的开发式扶贫阶段

1994年，西藏开始实施有计划、有组织、有规模、有目标的扶贫开发。自此，四次调高扶贫标准，其中1994年，《西藏自治区扶贫攻坚计划》制定了农区600元、牧区700元、半农半牧区650元的扶贫标准，对应的农牧区贫困对象为48万人。以《西藏自治区扶贫攻坚计划》为标志，西藏进入全面解决贫困人口温饱问题的开发式扶贫阶段。大力发展种植、养殖和加工业，开展实用技能培训，加强交通、水利、电力等基础设施建设，对贫困农牧民实行开发式的扶持。到2000年底，全区农牧区人均纯收入从817元提高到了1331元，贫困人口由1994年的48万人下降到了7万人，基本解决温饱问题。

（三）作为连片特困区域整体扶贫的阶段

从2001年开始，中央把西藏作为集中连片特殊困难地区，从整体上进行扶持。自治区制定了农牧民人均纯收入1300元的扶贫标准，对应的扶贫对象为农牧区贫困人口148万人；2006年，扶贫标准调高到1700元，对应的农牧区贫困人口为96.4万人；2012年，将农牧民人均纯收入2300元作为新的扶贫标准，对应的农牧区贫困人口为 117 万人。动态调整扶贫标准既反映了经济社会发展、社会保障水平的提高，也在不同时段提高了扶贫的瞄准性、精准度，更体现了党在西藏落实以人为本、执政为民的决心。按照中共中央“把西藏作为特殊的集中连片贫困地区加以扶持”要求，对全区农牧民人均纯收入低于 1300 元的农牧民给予了重点扶持，到 2005 年底全区重点扶持人口减少到了 37.3 万人。从 2006 年开始，西藏把人均纯收入低于 1700 元的农牧民作为重点扶持对象，到 2010 年底重点扶持人口下降到了 50.2 万人。2011 年，自治区党委政府制定了《西藏自治区贯彻〈中国农村扶贫开发纲要（2011—2020 年）〉实施办法》。按照国家扶贫标准（2010 年不变价格 2300 元），2015 年底全区贫困人口为 59 万人。

（四）精准扶贫精准脱贫攻坚战阶段

脱贫攻坚是全面建成小康社会最艰巨的任务、最大的短板和标志性指标。打赢脱贫攻坚战，解决好贫困人口生产生活问题，满足追求幸福的基本要求，是全面建成小康社会的目标。习近平总书记扶贫重要论述系统阐述了脱贫攻坚的目标任务、基本方略、政策举措和工作要求，做到扶持对象精准、项目安排精准、资金使用精准、措施到户精准、因村派人精准、脱贫成效精准，实施发展生产脱贫一批、易地搬迁脱贫一批、生态补偿脱贫一批、发展教育脱贫一批、社会保障兜底一批，解决扶持谁、谁来扶、怎么扶、如何退，为打赢脱贫攻坚战提供了行动指南和根本遵循。按照中央扶贫开发工作会议和《中共中央、国务院关于打赢脱贫攻坚战的决定》精神，着眼到 2020 年贫困地区和贫困群众同步进入小康的目标，自治区制定了《贯彻落实〈中共中央、国务院关于打赢脱贫攻坚战的决定〉的实施意见》，吹响了打赢脱贫攻坚战的号角。按照国家扶贫标准（2010 年不变价格 2300 元），精准识别贫困人口并全部实行建档立卡。全区把打赢脱贫攻坚战作为贯彻落实习近平总书记治边稳藏重要论述和维护祖国统一、加强民族团结、改善民生、凝聚人心的具体行动。瞄准“两不愁三保障”目标，因县实施差异化政策，扎实抓好精准识别、产业支撑、政策激励、就业优先、援藏扶助、社保兜底各项工作，连续4年被中央考核确定为“综合评价好”，全区62.8万建档立卡贫困人口全部脱贫、74个县（区）全部摘帽，在世界屋脊历史性地消除绝对贫困。

（三）西藏精准扶贫精准脱贫

改革开放以来，自治区高度重视扶贫工作，出台实施了一系列中长期扶贫规划，从救济式扶贫到开发式扶贫再到精准扶贫，探索出一条符合西藏区情的农村扶贫开发道路，为全面建成小康社会奠定了坚实基础。特别是党的十八大以来，以习近平同志为核心的党中央把扶贫开发工作纳入“五位一体”总体布局和“四个全面”战略布局，全面打响了脱贫攻坚战，农村贫困人口大幅减少，区域性整体减贫成效明显，贫困群众生活水平大幅提高，贫困地区面貌明显改善，脱贫攻坚取得历史性重大成就，为乡村振兴作出了重要贡献。

西藏在打好脱贫攻坚战过程中，重视程度之高、政策保障之强、工作要求之严、投入规模之大、整合资源之多、影响范围之广都是前所未有的，确保了现行标准下农村贫困人口实现脱贫、贫困县全部摘帽，解决了区域性整体贫困，历史性消除绝对贫困，为全面建成小康社会和实施乡村振兴战略奠定坚实基础。

(一) 强化组织领导，落实攻坚主体责任

脱贫攻坚战打响以来，始终把脱贫攻坚作为西藏经济社会

发展的头等大事和第一民生工程，坚持党委领导、政府主导，充分发挥政治优势和制度优势。

1. 创新组织机构

在国内率先成立脱贫攻坚指挥部，充实自治区扶贫开发工作领导小组和脱贫攻坚指挥部，落实“中央统筹、区负总责、市县抓落实”的工作机制，自治区脱贫攻坚指挥部发挥“总指”职责，“市（地）—县（区）—乡（镇）”脱贫攻坚指挥部突出“前指”职责。

2. 强化工作落实

连续四年召开全区脱贫攻坚大会安排部署工作，自治区专题研究脱贫攻坚工作每年不少于8次，坚持统筹指挥与分工落实相结合，沟通上下、协调左右、全力推进，形成上下贯通、横向到边、纵向到底的责任体系。

3. 层层压实责任

坚持“五级书记”抓扶贫和党政“一把手”脱贫责任制，自治区每年同各市（地）签订脱贫责任状，实行省级干部包县、厅级干部包乡、县级干部包村及驻村工作队、第一书记和乡镇干部包户的“四包”制度。

4. 充实帮扶力量

连续四年选派出八批干部17万多人次，深入全区所有村（居）开展驻村工作，驻村工作队争取扶贫项目9272个，帮扶资金29.6亿元。2018年将部分驻村工作队调整充实到那曲、日喀则、昌都和阿里等地的深度贫困村，有19家单位由厅级干部担任队长，负责55个脱贫难度最大的贫困村脱贫攻坚工作。选派第一书记1.6万余人次覆盖全部村（居），2019年招聘高校毕业生到村（居）任乡村振兴专干，增强基层一线力量。

（二）强化顶层设计，完善政策保障体系

在新的历史条件下，打赢脱贫攻坚战注重系统性、整体性、

协同性，需要加强顶层设计，与时俱进地推进理论创新、制度创新和实践创新，出台系列政策构成保障体系。

1. 优化制度供给

以《贯彻落实〈中共中央、国务院关于打赢脱贫攻坚战的决定〉的实施意见》为总纲，制定了“五个一批”实施方案、贫困村退出与贫困县摘帽考核办法等70多个配套文件，形成涵盖产业发展、贫困地区基础设施等重点领域，涉及资金、土地等支撑保障的多层次、全方位、各领域“1+N”政策体系。

2. 科学制定规划

以《西藏自治区“十三五”时期脱贫攻坚规划》为统领，编制产业精准扶贫、易地扶贫搬迁、基础设施建设、边境小康村建设、乡村振兴脱贫攻坚专项等配套规划和35项行业扶贫规划，与时俱进制定《西藏自治区深度贫困地区脱贫攻坚实施方案（2018—2020年）》和《西藏自治区打赢深度贫困地区脱贫攻坚战三年行动计划》。

3. 精准分类施策

综合不同区域的贫困程度，实行差异化政策扶持，鼓励基础条件较好的拉萨、林芝、山南等地优先有序脱贫，将日喀则、昌都、那曲等地作为脱贫攻坚主战场，评估出44个深度贫困县（区）、315个深度贫困乡镇、2440个深度贫困村，新增资金、项目、举措向重点区域倾斜，向深度贫困地区投入全区70%以上的资金。

（三）强化精准帮扶，补齐脱贫攻坚短板

脱贫攻坚战打响以来，紧紧围绕“两不愁三保障”基本要求和核心指标，既不拔高标准、吊高胃口，也不降低标准、影响脱贫质量，科学分析、深挖穷根，实行到人到户、靶向治疗、精准帮扶，打通精准脱贫“最后一公里”。

1. **摸清贫困底数**

解决“扶持谁”的关键是建立贫困人口信息库，全区组织5万多名干部逐村逐户开展贫困识别，共识别出贫困人口（148695户）588711人，摸清了全区贫困人口分布、致贫原因、脱贫需求等信息，建立起扶贫开发建档立卡信息系统。通过建档立卡“回头看”和动态调整，识别准确率不断提高，完整记录贫困人口识别、帮扶、退出全过程，首次实现到村到户到人，为实施精准扶贫政策措施、实行最严格考核评估制度和保证脱贫质量进行数据托底。

2. **细化精准帮扶**

从每个贫困村、每个贫困户的实际情况出发，因户施策，实施发展产业、易地搬迁、生态补偿、发展教育和社会保障等措施。发展生产脱贫一批，累计投资362.24亿元、实施项目2661个，带动23.8万贫困人口脱贫，受益农牧民超过40万人。发展以青稞牦牛为主的种养业、文化旅游业、民族手工业、商贸流通业和资源开发利用等扶贫产业，充分利用河谷流域资源优势发展河谷经济，培育产业化龙头企业145家、专合组织1万余家，推行“企业+基地+合作社+贫困户”的益贫模式。易地搬迁脱贫一批，采取大集中与小分散相结合的方式，将“一方水土养不起一方人”区域的26.6万贫困人口，搬迁至城镇周边、生产资料富裕和基础设施相对完善区域；结合624个边境小康村建设，将边境区域贫困人口就近就地安置；全面启动昌都“三岩”片区2个县（7个乡镇、1.16万人）的跨市整体易地搬迁。生态补偿脱贫一批，整合中央对民族地区、主体功能区、边境地区转移支付等重大生态资金，对有劳动能力的贫困人口实行定岗定员、定责、定酬，累计落实专兼职生态补偿岗位244.16万人次，其中建档立卡贫困人口116.11万人次，岗位人均补助标准从3000元/年提高到3500元/年。发展教育脱贫一批，在15年义务教育的基础上，全区义务教育学校生师比全部达到国家标准；贫困家庭大学生“三免一补”政策累计资助在校贫困大学生4.68万人次，资助金额达18.63亿元；采取“订单式”“委培式”等培训模式，培训贫困人口15.51万人次，建成扶贫车间193个，专场招聘、援藏供岗和大项目带动，累计转移就业18.64万人次。社会保障兜底一批，聚焦特殊贫困群体，农村最低生活保障人口13.35万人，其中建档立卡贫困人口11.32万人；落实住院“先诊疗后付费”制度，建档立卡贫困人口在报销标准的基础上浮5%，大病专项救治病种扩大到33种。

3. 补齐短板弱项

针对深度贫困地区基础设施薄弱、历史欠账多的现状，实施“水电路讯网、科教文卫保”十项提升工程，补齐发展短板、做强基础弱项。实施农网改造升级工程，主电网已覆盖全区83%的人口；乡镇、建制村的通达率分别达到99.9%和99.8%，85%的乡镇和55%的行政村通硬化路；98%的村居通光纤宽带，97%的村居通4G网络；对新通电的11.8万户农牧民完成广播电视村村通工程，统筹解决易地扶贫搬迁点学校配套建设，新建双语幼儿园1294所和改造薄弱学校900多所，安置点适龄儿童少年接受学前和义务教育全面保障。

脱贫攻坚战打响以来，实施精准扶贫精准脱贫基本方略，西藏扶贫工作取得了决定性进展。按现行农村贫困标准，西藏建档立卡贫困人口从2013年底的79.6万人到2019年底全部脱贫（见图1－2），年均减贫13.3万人。2016—2019年，西藏农牧区减贫人数分别为14.7万人、15.0万人、18.1万人和15.0万人，累计减贫62.8万人，年均减贫15.7万人，减贫率在25%以上（见图1－3）。同时，2019年，西藏实现剩余的19个深度贫困县（区）全部摘帽。农村贫困发生率也从2013年底的33.4%下降到2019年底的0，西藏千百年来的绝对贫困问题得到历史性解决。

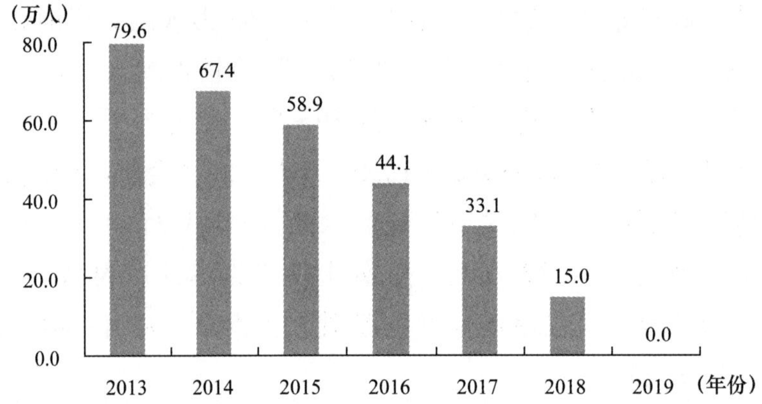

图 1-2 2013—2019 年西藏农村建档立卡贫困人口年底存量

资料来源：根据《西藏决战决胜脱贫攻坚发展报告》[①] 整理。

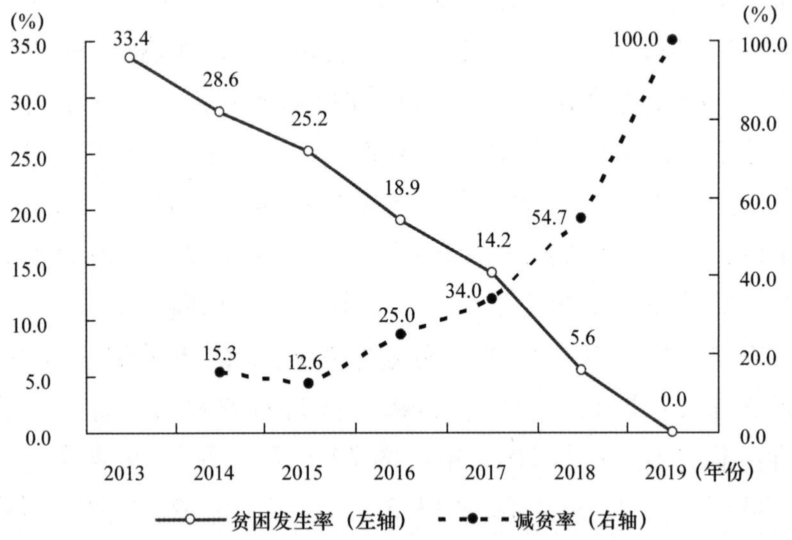

图 1-3 2013—2019 年西藏农村脱贫成效变化

① 徐伍达、妮妮美朵、孙焕明：《西藏决战决胜脱贫攻坚发展报告》，《新西部》2020 年第 Z1 期。

（四）强化资源整合，创新资金投入体系

脱贫攻坚战打响以来，坚持政府投入的主体和主导作用，增加金融资金、援藏资金的投入，正确处理好“离不开”与“不依赖”的关系，调动各方面力量，构建起专项扶贫、行业扶贫、金融扶贫、援藏扶贫、社会扶贫“五位一体”的大扶贫格局，确保扶贫资金与脱贫攻坚需求相适应的投入体系。

1. 整合财政资金投入

作为全国贫困程度最深的地区，聚焦贫困乡村基础设施薄弱、公共服务能力不足等发展短板，开展专项扶贫和行业扶贫，需要国家财政扶贫发展资金在财政转移支付、惠民项目等多方面发挥主体和主导作用。按照“盘活存量、用好增量、突出重点、雪中送炭”的原则，全区累计统筹整合各类涉农资金591.24亿元，年均增幅超过15%，其中国家财政资金382.62亿元，自治区级财政资金124.01亿元，市（地）和县级财政资金84.61亿元。同时，创新资金分配使用方式，综合分析各市地贫困人口、减贫数量、成本差异等因素，自治区完善资金分配机制，将资金、任务、权利和责任下放到市（地），最大限度提高资金的使用效率。建立县级脱贫攻坚项目库，加快扶贫资金拨付进度，健全扶贫资金公告公示制度，加强扶贫资金项目监管，严肃查处违纪违规案件。

2. 释放金融扶贫动能

充分利用国家赋予西藏特殊优惠金融政策，创新金融扶贫理念和产品，设立金融扶贫投资风险补偿基金，鼓励商业银行开展扶贫再贷款，实现金融服务建档立卡贫困户、扶贫产业项目全覆盖。全区累计发放扶贫贴息贷款624.74亿元，扶贫贴息贷款余额416.99亿元。其中，通过落实“免担保免抵押”小额信贷政策，累计发放小额信贷资金71.44亿元，覆盖低收入家庭18.26万户次。

3. 深化援藏扶贫协作

运用闽宁扶贫协作经验，先后4次召开国家层面的西藏深度贫困地区脱贫攻坚现场推进暨深化对口援藏扶贫工作会议，推动对口支援省市、中央企业与受援地脱贫需求对接，累计签约项目247个、资金49.48亿元，其中项目落地202个、资金实际到位155.01亿元；援藏消费扶贫签约超过20亿元，跨省安排就业0.8万人。对口援藏向产业扶贫、消费扶贫、就业扶贫和智力扶贫等模式转变，为深度贫困地区进行规模性的“输血”和“造血”。同时，深入推进医疗和教育人才组团式援藏，帮助深度贫困地区提升医疗服务能力和管理水平，实施内地万名教师进藏支教计划，选派西藏骨干教师和管理人员到对口支援省市开展学习培训。

4. 拓宽社会参与广度

开展“10·17”国家扶贫日活动，弘扬中华民族扶贫济困的优良传统，营造全社会参与脱贫攻坚的浓厚氛围。“央企助力富民兴藏”与“央企助力脱贫攻坚”相结合，累计投资1752亿元，既助力产业发展和农牧民增收，又孵化带动本土人才。其中，援藏央企吸纳西藏籍高校毕业生0.5万人和当地农民工1.5万人稳定就业。通过“百企帮百村”推动683家非公企业（含社会组织）同1009个贫困村结对帮扶，投入资金23.2亿元，受益贫困人口7.68万人，跟转移就业人员建立中长期劳务合作关系。

（五）强化扶智扶志，激发脱贫内生合力

脱贫攻坚战打响以来，坚持把扶贫与扶志、扶智相结合的思想教育放在突出位置，深入开展社会主义核心价值观和“四讲四爱”主题教育活动，帮助贫困主体树立起脱贫致富的信心、自我发展的决心、苦干实干的恒心，激发出了脱贫内生动力。

1. 持续推进精神扶贫

在“四讲四爱”主题教育实践活动中融入扶贫政策宣讲，利用夜校、讲习所、宣传栏等方式，全面宣传中央和自治区脱贫攻坚政策，用身边人、身边事转变思想观念、崇尚科学文明，淡化宗教消极影响，防止宗教过度消费，过好今生幸福生活，拔掉思想上的穷根，由“要我脱贫”向“我要脱贫”转变。在改善民生的过程中凝聚人心，既富“口袋”又富“脑袋”，增强对伟大祖国、中华民族、中华文化、中国共产党、中国特色社会主义的认同，坚定农牧民感党恩、听党话、跟党走的思想自觉和行动自觉。

2. 营造干事创业环境

以“四讲四爱”主题教育为契机，依托干部驻村、认亲结对交朋友等活动，表彰脱贫攻坚先进组织和个人，宣传正面典型，讲好西藏脱贫攻坚故事。注重在脱贫一线锻炼干部、识别干部、重用干部，提拔或进一步使用脱贫攻坚领域优秀干部，为脱贫攻坚营造干事创业的浓厚氛围。

3. 创新产业益贫模式

在因地制宜培育特色优势产业和加快项目建设的基础上，完善“企业 + 基地 + 合作社 + 贫困户”经营管理体系，提升产品质量与拓展市场空间，拓宽销售渠道相结合的产业链，形成经营主体收益和贫困人口受益的利益联结机制，构建资产资本入股机制，实现资源变资产、资金变股金、村民变股民，明晰产权关系、持续稳定增收。

4. 强化培训转移就业

正确处理外部帮扶和贫困人口自身努力关系，帮助贫困主体提高增收致富的能力，实现稳定脱贫可持续发展。以市场需求为导向，开展订单式、定向式、以岗代训等培训，充分发挥能人和致富带头人带动转移就业的作用，带领贫困人口外出务工，协调劳务价格，帮助企业管理农民工，提高转移就业的组织化程度。建立农牧民转移就业实名制系统平台，发挥政府的桥梁纽带作用，实现技能培训、组织推介、市场需求之间的有效联结。

（六）强化督导考核，完成脱贫目标任务

脱贫攻坚战打响以来，坚持把全面从严治党要求贯穿脱贫攻坚工作全过程和各环节，实施经常性的督查巡查和最严格的考核评估，在解决“两不愁三保障”的基础上，确保脱贫成果得到全社会的认可，经得起实践和历史的检验。

1. 严格督导检查考核

高度重视问题整改工作，把发现问题、整改问题作为检验和提升工作的主要途径。运用督导考核“指挥棒”作用，建立脱贫攻坚督查巡查制度，开展全方位无死角的多轮督导考核，营造脱贫攻坚、风清气正的政治生态。2016 年以来，中央脱贫攻坚专项巡视、省际交叉考核、第三方评估、审计监督和专项资金绩效考核以及自治区组织的巡视、纪检部门明察暗访、市（地）间交叉考核、人大政协专项调研，对发现的问题追根溯源、迅速整改，举一反三式的排查，倒逼各地各级各部门履职尽责，确保真改实改。

2. 规范脱贫退出程序

在推进精准脱贫过程中，结合实际形成科学的考核方法，防止出现不严不实、弄虚作假、“数字游戏”等行为。严格按照“群众自我评价、社会充分监督、县乡开展自验、第三方评估”的退出评估方式，以“群众认账、评估认理、退出认真”为标准，全面开展贫困对象退出自查自验，评估结果在县乡村三级公示七天，最终提交县脱贫攻坚指挥部和扶贫开发领导小组会议审核。在推进精准脱贫过程中，对贫困退出开展考核评估检查，通过第三方评估机构对年度计划脱贫摘帽县（区）评估验收，防止数字脱贫、虚假脱贫，确保脱贫质量。

3. 巩固提升脱贫成果

按照“摘帽不摘责任、摘帽不摘帮扶、摘帽不摘政策、摘帽不摘监管”要求，加强对脱贫人口、贫困边缘人口持续跟踪监测，建立重大自然灾害致贫预警机制，将新增贫困人口、返贫人口及时纳入帮扶对象，不折不扣落实好各项惠民补助政策，将生态补偿岗位、贫困大学生“三免一补”等政策精准到户到人，强化贫困人口脱贫后的稳定长效增收机制，最大限度防止出现新的贫困人口和脱贫人口返贫。实行最严格的考核评估制度，高质量地解决了“如何退”的问题，从根本上确保了扶真贫、真扶贫、真脱贫。

西藏打赢脱贫攻坚战的伟大成就，为实现经济较快增长与大规模减贫同步、有效避免掉入中等收入陷阱作出了重要贡献，同全国一道全面建成小康社会。打赢脱贫攻坚战，只是历史性地消除了绝对贫困，但相对贫困将长期存在，反贫困仍是实施以“神圣国土守护者、幸福家园建设者”为主题的乡村振兴战略中的一项长期任务。

二　墨脱脱贫之路*

“墨脱”，藏语意为“花朵”，在藏传佛教经典中为“隐秘的莲花”之意。墨脱县位于西藏自治区东南部、林芝市①南部、雅鲁藏布江下游东喜马拉雅山脉至岗日嘎布山脉南坡的山区，是林芝市7县中最南端的一个县，东、西、北三面环山，南部是中国与印度交界处。全县总面积为31394.67平方千米，中国实际控制面积11950平方千米。境内绝大部分为山地，面积占土地总面积的97.65%。全县实有耕地面积2600余亩，约占土地总面积的0.07%（占实际控制区面积的0.15%）。截至2019年底，全县总人口14478人，农村人口10873人，是门巴族、珞巴族、藏族、汉族等多民族聚居的深度贫困县。

（一）墨脱县自然环境和经济社会发展概况

（一）墨脱县自然环境概况

墨脱县地貌类型多样，自然资源非常丰富，被誉为“西藏

* 在团队调研收集素材和资料的基础上，本报告数据及材料主要来自墨脱县扶贫办公室提供的资料，部分参考了西藏自治区地方志编纂委员会总编、西藏自治区墨脱县地方志编纂委员会编纂《墨脱县志》（中国藏学出版社2017年版）。

① 2015年3月，国务院批复同意撤销林芝地区和林芝县，设立地级林芝市。

的西双版纳”“植被类型的天然博物馆”，有“五最一秘”。一是最优越的气候条件。墨脱县气候总体上冬季温暖、小雨多雾；夏季雨量充沛、空气湿润；年平均气温25℃—28℃，冬无严寒，夏无酷暑。二是最充沛的水利资源。境内水力资源有地表和地下水资源，仅10平方千米以上的河流就有38条，10平方千米以下的河流有750多条，主要有雅鲁藏布江、白马西日河、金珠藏布河、多熊弄巴河等，全境水能蕴藏量达8000万千瓦。三是最丰富的林业资源。全县共有林地4100多万亩，占全县总面积的87.7%，林业资源十分丰富。此外，还有总面积23万多亩的天然牧草地。未利用地占全县总面积的9.43%。四是最原始美丽的旅游资源。墨脱县拥有绵延起伏的原始森林、高山、河流和峡谷等自然景观，身临其境，常有入仙境之感。巍峨神秘的南迦巴瓦峰、江水咆哮的雅鲁藏布大峡谷和雅鲁藏布江大拐弯等，都是世界顶级的自然景观。五是最丰富多样的生物资源。基于独特的自然条件，墨脱的动植物资源具有种类多、储量大、经济价值高的特点。有27种国家级和西藏自治区重点保护珍稀植物，60多种国家重点保护野生动物。最可贵的是，墨脱完整保留了几千年甚至上万年的原始自然生物链，具有极高的科研和可持续发展价值，是大自然赐予墨脱的宝贵资源。“一秘”是神秘独特的文化资源。由于自然条件所限，历史上大部分时间处于与外界相对隔绝状态，因此墨脱民族及其文化很少为外人所了解。藏传佛教信徒视墨脱为“莲花圣地”，许多佛教徒把一生中能去一次墨脱视为幸事。

丰富的自然资源成为今天墨脱县发展旅游、文化及适合当地条件产业的宝贵基础。

（二）墨脱县历史与经济社会发展概况

早在新石器时代后期，墨脱境内就有人类生活。18世纪前期，门巴族从门隅和主隅地区动迁至墨脱定居。清乾隆四十五年（1780 年），八世达赖喇嘛派塔布地区达拉甘布寺藏族喇嘛甘布巴到白马岗传教，建立了仁青崩寺，西藏地方政府从此加强了对珞瑜地区的控制。

19 世纪后，随着西方殖民主义在全球的扩展，西藏珞瑜地区也受到英国殖民主义者的入侵。但是，英勇的门巴族、珞巴族人民开展了英勇的反抗殖民主义侵略的斗争，曾于清道光七年（1827 年）至光绪二十六年（1900 年）多次击败英国殖民军队的侵犯和掠夺。

清光绪七年（1881 年，藏历第十五饶迥铁蛇年），波密土王在墨脱地东设立地东宗，下设五措。后因地东无水，迁址墨脱村，改称为墨脱宗。民国十九年（1930 年，藏历第十六饶迥铁马年），墨脱正式受西藏地方政府直接统治。西藏地方政府将格当地区分给松宗寺管辖，把帮辛地区分给倾多寺管辖，将墨脱地区分给色拉寺管辖。到 1959 年色拉寺共向墨脱派出 10 任宗本。

1951 年 4 月中国人民解放军进军西藏后，将波密、珞瑜、工布三地区划属波密分工委管辖。1959 年 8 月，墨脱县委、县政府在米林县派区正式成立。至 2019 年底，墨脱县下辖 7 乡 1 镇，46 个行政村，其中边境乡镇 5 个，边境村 34 个。

1951 年后，墨脱经济社会发展逐步进入西藏发展的整体布局。1959 年 8 月，随着西藏平叛斗争的胜利，旧制度瓦解，墨脱地区先后进行了民主改革，废除了封建农奴剥削制度，跨入了社会主义历史时期。20 世纪 60 年代，为帮助门巴族和珞巴族发展经济，党和国家向墨脱地区调拨铁制工具，派出农业技术人员向当地人传授农耕技术，在短时间内推动墨脱农业实现跨越式发展。西藏和平解放前，墨脱农业经济机构单一，除有限的农作物种植外，家庭经济极为有限。西藏和平解放后，党和政府领导当地人民积极改变农业生产条件，促进农业生产，逐步推动发展多种经济。

随着和平解放后生产的逐步恢复和交通等基础设施的建设发展，墨脱经济社会各领域建设取得显著成效。1978 年，中共十一届三中全会后，墨脱县坚持贯彻执行“改革、开放、搞活”的方针、政策，经济社会建设呈现出繁荣兴旺新形势。截至 21 世纪第一个十年，墨脱县在水电、农业、手工产业等多领域发展取得可喜成绩。2005 年全县农业总产量比 1952 年增长 5.6 倍，第二、三产业占全县生产总值的比重趋于合理。改革开放增强了墨脱自身的“造血”机制，为国民经济的稳定发展奠定了坚实的基础。2000 年全县国内生产总值达 3465 万元，比 1989 年增长 37.71%。医疗卫生事业显著发展。到 2000 年，全县医疗单位和医务人员遍布县、乡、村三级，疾病、传染病防控水平大幅提高，传染病发病率大幅下降。教育基础设施提升，2005 年全县有各级学校 36 所，适龄儿童入学率达到 97.67%。广播电视事业逐步发展，到 2005 年全县电视覆盖率达 80%，广播覆盖率 79%。

（二）历史和自然因素导致墨脱县贫困

由于历史和自然等多方面原因，长期以来，墨脱发展总体水平比较落后，贫困原因主要有以下几个方面。

其一，由于历史上长期受封建农奴制统治，墨脱当地群众守旧观念普遍，内生动力不足。受宗教、文化等传统习俗和交通不便的影响，群众“等靠要”思想严重，主要依靠政策性补贴维持生计，对如何发展生产、增收致富、彻底改变贫困落后面貌没有长远打算，贫困面广、贫困程度深。2016 年初精准识别数据显示，全县 46 个行政村当中 25 个属深度贫困村，占全县 54%，贫困发生率最高达到 57.13%。

其二，受地理环境制约，农业有效用地面积少。墨脱全境位于高山峡谷地带，可开发利用土地资源有限，2015 年全县耕地面积 2.40 万亩，75% 属于坡耕地，耕地贫瘠、单位产出低、效益不高。原始森林资源及水资源的丰富是墨脱县的宝贵资源，但从经济发展的角度看，这些资源，特别是原始森林是国家保护的资源，直接利用的价值不大。实际土地面积的有限性客观上制约了墨脱县发展农业的潜力，同时原始森林及高山峡谷的基本地貌特征也成为当地居民与外界沟通交流的障碍，以致经济社会发展缺少多元性、发展理念也存在局限性。

其三，自然条件恶劣，造成生产生活损失。墨脱属亚热带雨林气候，全年雨季 200 天以上，自然灾害频发。首先，历史上墨脱县地震灾害多发。据《墨脱县志》① 记载，1900 年墨脱县西南发生 5.25 级地震，1929 年至 1986 年墨脱地区共发生 4.7 级以上地震 153 次（含大地震余震），其中 8.6 级地震 1 次，6 级至 6.9 级地震 20 次。2003 年和 2005 年分别发生 5.7 级和 5.9 级地震。频繁多发的地震常引发泥石流滑坡、房屋倒塌等自然灾害，给当地人民的生命财产安全造成巨大损失。其次，塌方和泥石流多发。除了地震引发的泥石流外，墨脱地区潮湿多雨的天气和特殊的地形地貌，也是形成泥石流多发的主要原因。据记载，仅在 1953 年至 2005 年 50 多年间，墨脱县发生的造成当地群众重大损失的泥石流灾害就有近 20 次。再次，气象灾害多发，主要有涝灾、冰雹、雪灾、风灾等。1984 年帮辛公社 3 个生产队遭受特大洪涝灾害，造成早熟作物减产 16 万多斤，当年全县农作物受灾面积占总播种面积的 17%。最后，生物灾害多发。虫灾和兽灾是墨脱地区生物灾害的主要因素，后者主要指野猪、熊、鼠类等对农作物和耕地造成的损失。例如，2004 年墨脱县虫灾受灾耕地面积达 88.4 亩，造成粮食减产 11.93 万斤。同年，遭到鼠、野猪、熊等动物破坏的耕地达 284.4 亩，

---

① 西藏自治区地方志编纂委员会总编、西藏自治区墨脱县地方志编纂委员会编纂：《墨脱县志》，中国藏学出版社 2017 年版。

导致粮食减产11.66万斤。

其四，基础设施落后。墨脱县基础条件差、历史欠账多，2013年10月墨扎公路才正式实现通车。2015年底全县尚有2乡25个行政村未实现通车，物资主要依靠人背马驮。即便2013年墨扎千米实现通车以来，由于频发塌方及泥石流等地质灾害，墨扎千米常面临塌方堵塞的现实，严重影响公路的安全和使用效率。此外，长期以来电力供应不足，群众主要依靠小水轮发电，当地群众的生产和生活受到影响。2015年前墨脱县的通信条件尚未得到根本改善，存在网络信号覆盖率低、信号强度差等问题。

（三）综合精准施策，脱贫攻坚全面见成效

从2014年开始，西藏农牧区全面实施精准扶贫、精准脱贫方略，在扶贫项目和资金的投入上，国家对墨脱的帮扶力度逐年大幅增加。2012年扶贫资金总金额为924万元，2013年为1136万元，2014年为2255万元，2015年为4610.68万元。墨脱县农牧民年人均收入从2000年的1098元增加到2015年的7259元，年均增长13.4%。按照我国划定的年收入2300元的贫困线标准，墨脱县如期完成“十二五”扶贫开发任务。

2018年10月，林芝市脱贫攻坚指挥部组织摘帽县检查考核组对朗县、察隅县和墨脱县三县脱贫攻坚情况进行综合考核，认为墨脱县累计减贫660户2695人，推出贫困村43个，贫困发生率由2016年初的24.47%下降到2018年底的0.44%，达到脱贫摘帽标准。2019年初，经林芝市委常委会研究确认，正式宣布墨脱县脱贫摘帽。

脱贫攻坚战打响以来，墨脱县立足实际，在县域发展思路的基础上，不断丰富和优化符合墨脱改革发展稳定生态各项事业的发展战略。2015年至2019年，全县生产总值从4.16亿元

增长至6.86亿元，农牧民人均可支配收入从7259元增长至11354元；人均现金收入从6144元增长至9646元。截至2020年9月底，全县乡（镇）公路通达率100%、通畅率62.5%，行政村公路通达率97.82%、通畅率71.74%；行政村安全饮水四项指标达标率100%，乡（镇）通邮率100%，电话信号通村率100%，电视、广播综合人口覆盖率100%；行政村综合文化服务中心及文体活动场所、农家（寺庙）书屋全覆盖。墨脱县脱贫攻坚取得全面成效。

（一）严格落实政策、责任和年度目标任务

县委、县政府始终将脱贫攻坚作为第一民生工程来抓，自上而下实行党政“一把手”工作责任制和部门负责制，明确职责，使之各负其责、形成合力，确保打赢、打好脱贫攻坚战。

1. 落实责任

坚持深化组织领导，夯实脱贫攻坚责任，充分发挥党政统揽全局、协调各方的领导核心作用，按照“中央统筹、省负总责、市县抓落实”的工作机制，形成部门合力，打好脱贫攻坚“组合拳”。成立以县委书记为组长的扶贫开发领导小组、以政府县长为总指挥长的脱贫攻坚指挥部，各乡（镇）相应成立了工作机构，并严格落实县、乡、村三级党组织书记责任，以“书记工程”为统领，明确各级书记在精准扶贫精准脱贫“思路谋划、任务部署、资金筹措、进度督办、问题协调、难点解决”等方面的具体任务，在全县上下形成了决策指挥、政令畅通、上下联动、务实高效的攻坚指挥体系，为各项精准扶贫精准脱贫政策和措施的全面落实提供了坚强的组织领导。

2. 落实政策

坚持把落实好上级各项扶贫政策作为一项政治任务，既注重上级规定动作不走样，不折不扣落实好，又注重“自选动作”不跑偏，切合实际有特色，在精准施策上出实招、在精准推进

上下实功、在精准落地上见实效。一是坚持以规划为引领，以脱贫致富、经济发展为核心，勠力同心，认真落实脱贫攻坚各项政策，相继编制了《墨脱县“十三五”时期扶贫开发规划》、《墨脱县脱贫攻坚规划》、《墨脱县打赢脱贫攻坚实施方案》、《墨脱县脱贫攻坚巩固提升方案》、《墨脱县“十三五”时期易地扶贫搬迁规划》、《墨脱县“十三五”时期精准扶贫产业项目规划》及《墨脱县边境地区小康村产业发展规划》等规划方案。在此基础上，各相关部门也按照“多规合一”原则，相继制定出台了《墨脱县党建促脱贫实施方案》、《墨脱县医疗卫生精准扶贫实施方案》、《墨脱县脱贫攻坚统筹整合财政涉农资金实施方案》及《墨脱县教育精准扶贫工作实施方案》等配套政策文件，逐步形成了跨行业、多领域、全方位的脱贫攻坚政策体系。二是坚持把筑牢民生保障作为脱贫攻坚“最后一道防线”，落实医疗扶贫政策、民政救助政策等兜住兜牢贫困群众基本生活，确保小康路上不漏一户、不少一人。坚持按照“应扶尽扶、应纳尽纳、应退尽退、应保尽保”要求，积极推进低保线与贫困线“两线合一”，对无法依靠产业扶持和就业帮扶实现脱贫的贫困人口实行政策性兜底脱贫，实现社会救助信息与扶贫开发信息无缝对接。目前全县共有农村低保户 98 户 349 人、五保户 78 户 78 人、孤儿 22 人，并使有意愿的五保人员、孤儿实现集中供养，对无劳动能力或丧失部分劳动能力的残疾人按时落实相关救助政策，对因病、因灾、因学、因残的突发性困难家庭及时给予临时救助；对患有重特大疾病的家庭按照大病救助管理办法，落实大病救助，用绣花的功夫织密编牢贫困对象兜底网。三是狠抓生态岗位落实，坚持按照定岗、定员、定责、定酬“四定”原则，开展以“双联户”为主的生态岗位网格化管理，2016 年落实岗位 2659 个，2017 年落实岗位 3293 个，2018 年上半年落实岗位 3938 个、下半年落实岗位 3902 个，2019 年上半年落实岗位 3489 个、下半年落实岗位 1806 个，2020 年上半年落实生态岗位1519人，累计兑现生态岗位补助资金4348.82万元，让贫困群众在保护绿水青山中实现脱贫增收。四是严格落实普惠性政策，及时足额向农牧民群众发放边民补助资金。

3. 落实具体工作

坚持聚焦重点领域，立足县域实际，扎实开展了党建促脱贫、智志双扶、产业扶贫等工作，激活了墨脱加快发展的内生动力。一是狠抓党建促脱贫，制定《墨脱县党建促脱贫实施方案》，进一步明确党政主体责任，推动基层党建与脱贫攻坚"无缝对接"，实现党建与扶贫"双推进"，特别是"不忘初心、牢记使命"主题教育开展以来，全县各级领导干部深入基层调查研究，为基层发展和农牧民群众增收增添动力。二是狠抓政策宣传教育，积极营造打赢打好脱贫攻坚战的浓厚氛围，唤起贫困群众自我脱贫的斗志和决心，充分发挥领导干部包乡、包村、"四对一"结对帮扶、驻村工作队、选派第一书记、招聘乡村振兴专干、军民融合共建等工作机制作用，构建了覆盖县、乡、村三级党的政策宣讲队，累计推送脱贫攻坚先进典型200余次，积极协助中央电视台、新华社、西藏电视台、西藏日报社等30多家主流媒体，宣传报道墨脱脱贫攻坚相关工作400余次，在国际在线、《人民日报》、人民网、《西藏日报》等主流媒体上刊登了《墨脱：一条路带来的发展》《墨脱脱贫茶飘香（壮阔东方潮奋进新时代——庆祝改革开放40年)》《西藏墨脱：茶叶变成致富"金叶"》等典型事迹、案例，既传播了墨脱扶贫脱贫故事，增强了全县各族干部群众打赢脱贫攻坚战的信心，也提升了"莲花圣地、秘境墨脱"的知名度。三是狠抓技能培训，不断拓展群众增收渠道，瞄准产业优势和贫困群众自身实际，加强与培训机构合作，大力实施"送教下乡""送培下乡"活动，重点围绕旅游餐饮服务、特色种养殖、民族服饰、民族手工艺品制作等贫困群众参与度高的就（创）业工种，开展订单、定向、定岗式技能培训。四是狠抓产业扶贫，因地制宜发展精准扶贫产业，增强脱贫攻坚造血功能。大力发展茶叶、经济林果种植等农牧扶贫产业，推动形成村有产业、乡连成片、片成规模、收益明显的农牧扶贫产业格局。截至目前，墨脱县共建成高山有机茶园56个，面积达16926.36亩，实现了一人一亩茶的目标，可采摘面积5080亩，自2015年采茶以来，全县累计采摘茶青50.51万斤，农牧民群众实现增收8000万余元（包括劳务收入、后期管理收入及茶青收入）实现户均增收13042余元。2020年1—9月，累计采摘茶青12.83万斤，实现增收393余万元，人均增收3500余元。同时，采取“公司+基地+农户+实体店（网店）”模式，不断提升“墨脱茶”品牌效益，努力创造更大的经济价值。五是狠抓督导检查，用目标倒逼责任、用任务倒逼措施、用问题倒逼方法，做到脱贫攻坚任务推进到哪里，监督检查就跟进到哪里。

4. 落实要求

严格落实“一个都不落下，一个都不掉队”要求，采用“七看法”和“一申请、一对比、二审核、三公示、一审定”程序，精准识别并建档立卡668户2615人（其中一般贫困户353户1635人，低保贫困户242户907人，五保贫困户73户73人），实现了人有名、户有卡、村有册、乡有簿、县有电子档案，并每年开展动态调整，准确建立扶贫对象动态信息化管理体系。2016年以来完成30户92人动态调整（其中2016年23户66人，2017年7户26人），并严格按照自治区贫困户脱贫、贫困村退出、贫困县摘帽程序，四年来累计实现687户2737人脱贫（2016年共审定验收脱贫137户676人，2017年共审定验收脱贫145户622人，2018年共审定验收脱贫378户1397人，2019年共审定验收脱贫27户42人），46个贫困村实现退出（2017年退出贫困村7个，2018年退出贫困村36个，2019年退出贫困村3个），贫困发生率降至0。

（二）义务教育、基本医疗、住房安全和饮水安全保障落实情况良好

持续夯实脱贫攻坚根基，统筹人、财、物推进“三保障”工作。一是优先发展教育，阻断贫困代际传递。坚持把“教育扶贫”作为脱贫攻坚的一项重要举措，持续加大教育投入力度，把党和政府的关心送到千家万户。2016 年以来累计投资 14548.5 万元实施教育基础设施建设项目 52 个，进一步改善和提高了教育教学条件，截至目前，全县共有中小学 9 所，幼儿园 25 所，较 2015 年增加 21 所；教师 285 人，师生比例为 12%。全县适龄儿童入学率达到 100%，义务教育阶段教育巩固率达到 100%，藏汉双语教学实现 100% 覆盖。二是完善基本医疗，健康扶贫成效显著。坚持以确保农牧民贫困人口“看得起病、看得上病、看得好病”为目标，以提高保障水平、提高服务能力、提高健康水平为重点，持续加大卫生健康基础设施投入，累计投入 84.08 万元推进村卫生室标准化建设，总投资 550.22 万元的达木乡、帮辛乡卫生院等基层医疗卫生服务机构建成投入使用，总投资 1890 万元的县人民医院、藏医院改扩建工程正在有序推进，群众“看病难”问题在边疆墨脱逐步得到改善，全县建档立卡儿童、残疾人、慢性病、结核病患者、孕产妇等重点人群提供到户“签约服务”实现 100% 覆盖。三是保障住房安全，优化群众居住环境。大力实施易地扶贫搬迁。整合各方资金，集中各方力量，通过将贫困群众从不具备发展潜力、不适宜群众居住生存的偏远地区迁移出来，安置在生产发展条件较好、基础设施建设相对比较完善的边境一线，形成扶贫与固边、脱贫与兴边融合并重的模式，真正实现了在易地搬迁中扶贫、在扶贫中发展、在发展中脱贫。截至目前，全县 4 个搬迁安置点累计完成投资近 2.79 亿元，实现搬迁入住 247 户 1080 人，搬迁入住率为 100%。扎实推进边境小康村建设。严

格按照“屯兵与安民并举、固边与兴边并重”的要求，将边境小康村建设与打赢脱贫攻坚战紧密结合，分三批组织实施34个边境小康村建设，涉及1904户8528人，其中覆盖建档立卡贫困户333户1238人。四是巩固饮水安全，改善生产生活条件，按照《墨脱县“十三五”农村饮水安全巩固提升实施方案》，2016年以来，累计投资4198.88万元，组织实施了农村水源地保护和农村饮水安全巩固提升工程，实现全县47个农村水源点人畜分离、隔离保护，实现自来水管网化进村入户，保障了足量、干净的生活饮用水。

（三）脱贫攻坚东西部扶贫协作定点帮扶

坚持把东西部扶贫协作和定点帮扶作为打赢脱贫攻坚战、全面建成小康社会的重要举措，着力构建援藏扶贫、社会扶贫、定点帮扶、结对帮扶为一体的“大扶贫”格局。一是按照“一个龙头，两翼齐飞”援藏工作思路，第八、第九批援藏工作队墨脱县工作组进驻以来，紧紧围绕脱贫攻坚，积极探索扶贫新模式，全面落实对口支援制度，全力助推墨脱县脱贫攻坚工作。二是2018年武警广东总队、西藏总队定点帮扶格当乡桑珍卡村，武警广东总队投入专项资金555万元用于桑珍卡村产业发展、改善群众生活条件，建成茶园360亩、发放电视机83台、为困难户新建住房5套，武警西藏总队投入17.76万元，累计对71名建档立卡贫困学生进行帮扶。三是西藏东方财富证券定点扶持25万元，用于支持产业、医疗救助等方面；三峡集团西藏分公司定点帮扶6015万元，其中5000万元用于安居工程建设，1000万元用于扶持脱贫攻坚基础设施建设，15万元用于改善墨脱县建档立卡贫困户生产生活；华能公司帮扶204.6万元定点帮扶帮辛乡脱贫攻坚各项工作。2016年以来，墨脱社会各界人士在“扶贫日”活动中慷慨解囊，献出自己的一份爱心，共募集善款143万余元助力脱贫攻坚。四是继续深化实施“四对一”帮扶，不断转变帮扶观念，为已脱贫的农牧民群众“锦上添花”，为未脱贫的贫困户“雪中送炭”，全县科级以上领导干部结对帮扶实现建档立卡贫困户全覆盖，帮助贫困群众分析致贫原因、理清发展思路、寻找致富门路。

（四）严格管理脱贫攻坚资金投入使用

坚持按照“多个渠道引水、一个池子蓄水、一个龙头放水”的资金保障模式，千方百计筹措资金，增加扶贫投入。一是坚持统筹整合，切实发挥资金效益。实行扶贫资金专款专用、分类管理。四年以来，墨脱县本级财政累计投资 2137 万元用于扶贫开发，累计统筹整合涉农资金 30157.61 万元，用于脱贫攻坚各项工作，充分发挥了扶贫资金在脱贫攻坚战当中的主导作用和聚集效应。二是强化金融撬动，助力助推脱贫攻坚。墨脱县认真贯彻中央、自治区关于金融扶贫各项决策部署，不断强化金融扶贫工作机制，提升服务水平，压实攻坚责任，精准对接施策，聚力助力全县脱贫攻坚。加大金融政策扶持力度，截至目前，累计发放精准扶贫小额到户贷款 322 户 1516 万元用于贫困户农牧产业发展。

（五）巩固提升脱贫攻坚成效

坚持按照习近平总书记提出的脱贫攻坚“四不摘”指示要求，扎实推进脱贫攻坚与乡村振兴衔接融合，持续推动全县经济社会发展和农牧民群众生产生活条件的改善，不断增强贫困群众内生动力和自我发展能力，确保贫困群众实现长期、稳定、可持续增收。2019 年，按照“多规合一”原则，编制印发了《墨脱县脱贫攻坚巩固提升方案》，从数据精准、产业扶贫、就业扶贫、易地扶贫、生态扶贫、教育扶贫、健康扶贫、社保扶贫、民生保障、党建扶贫等 10 个方面全面巩固提升脱贫攻坚成效。

一是数据精准筑牢基础。2020年初，墨脱县共识别出边缘户22户88人，脱贫监测户29户110人，2020年5月新增边缘户2户8人，脱贫监测户3户10人，共计56户216人，为2020年巩固提升重点关注的人群。

二是产业扶贫卓有成效。2020年新开9000亩茶园稳步推进，1—9月邀请第三方测量公司完成测量7788亩，完成年度9000亩的86.5%。自1月份开始采摘茶青以来，累计采摘茶青12.83万斤，农牧民群众增收393万余元，人均增收3500余元。扶贫产业项目已完成收益122万元，实现分红73.197万元，覆盖2617人，人均分红279.7元。完成2021年扶贫项目计划申报，共申报扶贫项目20个，计划投资15473.33万元。

三是就业培训扎实推进。截至目前组织开展各类技能培训11期，培训664人次（其中贫困户134人次）；农牧民转移就业8660人次，实现收入2594万元。

四是生态扶贫筑牢屏障。牢固树立“绿水青山就是金山银山”的生态发展理念，重点突出抓好生态管护岗位就业、林业重点工程等重点工作，让农牧民在生态保护中享受政策红利，2020年上半年落实岗位1519个，兑现生态岗位资金265.825万元。

五是加强资金保障，构建资金投入体系。坚持按照“多个渠道引水、一个池子蓄水、一个龙头放水”的资金保障模式，千方百计筹措资金，增加扶贫投入。2020年落实财政涉农整合资金9652.47万元。截至目前，累计支出2719.6万元，支出率为28.18%，累计发放精准扶贫小额到户贷款28户138万元，落实2019年度扶贫贴息资金46.88万元。坚持优先发展教育，突出智力扶贫。积极营造打赢打好脱贫攻坚战的浓厚氛围，唤起贫困群众自我脱贫的斗志和决心，持续深入开展“志智双扶”工作。截至目前，共开展宣讲500余次，受教育群众2000余人次。向《人民日报》、人民网、《西藏日报》等主流媒体推荐墨脱县脱贫攻坚先进典型事例80余篇，充分展示墨脱脱贫攻坚取得的成效及推广具有墨脱特色的扶贫开发经验。

六是强化政策兜底，落实保障政策。坚持把筑牢民生保障作为脱贫攻坚“最后一道防线”，积极落实政策兜底，兜住兜牢贫困群众基本生活，确保小康路上不漏一户、不少一人。根据生态补偿脱贫岗位相关政策要求，2020年上半年落实生态岗位1519人，共兑现工资265.825万元；兑现第一、二季度城乡最低生活保障资金46.62万元（其中农村低保98户349人），发放临时救助23户93人、资金17.6万元。

七是注重党建引领，增强带动辐射。按照《墨脱县党建促脱贫实施方案》，充分利用“扶贫日”捐款资金，投入53.81万元，帮助贫困户解决23个最急需、最迫切、最希望解决的急事难事，特别是“不忘初心、牢记使命”主题教育开展以来，积极协助县强基办扎实开展结对帮扶工作，累计开展帮扶共计658场次，帮扶物资折合资金13.2982万元，帮扶慰问19.5556万元。

（四）紧盯问题，全面分析研判工作突出短板

习近平总书记指出，在肯定成绩的同时，县委县政府也要清醒认识全面打赢脱贫攻坚战面临的困难和问题。墨脱县脱贫攻坚虽然取得了显著成效，但截至2020年10月，仍存在一些影响县域经济社会快速健康发展的困难和挑战。一是墨脱县地处深山峡谷地带，属亚热带雨林气候，地质结构不稳定，自然灾害频发，交通、电力、通信等基础设施持续保障能力不足，教育、医疗、公共服务等配套设施不够完善，扎墨公路沿线乡（镇）与上三乡区域经济社会发展不平衡，难以适应人民群众日益增长的美好生活需要。二是受自然条件、劳动力素质等因素制约，墨脱县产业发展起步晚、发展缓慢，规模化程度不高，

辐射带动能力较弱，贫困群众持续增收渠道狭窄，抗风险能力薄弱。三是墨脱县全境位于雅鲁藏布大峡谷国家级自然保护区内，受保护区功能规划限制，项目林评、环评手续按照程序须上报国家审批，手续办理难度大、级别高、周期长，在一定程度上影响了项目建设进度。同时墨脱作为边境县，在向边境一线推进发展的过程中，在各项政策措施落实过程中，守土固边、边境建设与生态保护之间的矛盾越来越突出。在清醒看到问题和短板的同时，墨脱县委县政府积极调整调适政策思路，不等不靠，注重在优先可行的领域争取突破，取得扶贫脱贫积极成效。

（五）墨脱县脱贫攻坚取得宝贵经验

在扶贫脱贫攻坚战取得决定性胜利的基础上，墨脱县扶贫脱贫的经验体现在一系列政策和措施的制定、衔接和落实，可集中于以下两个方面综合归纳。

（一）在扶贫措施方面做到“五强化”

一是强化精准识别。严格按照贫困户识别、退出标准，每年对新增贫困户和脱贫户进行精准识别、精准退出、动态管理，确保贫困数据准确无误。二是强化组织领导。严格按照“中央统筹、省负总责、市县抓落实”的体制机制，聚焦“三落实”“四不摘”，落实“三级书记”抓脱贫，实现脱贫攻坚力量集中管理，统一调度，发挥最大作用。三是强化多元帮扶。墨脱县始终做到“四个全覆盖”：科级以上领导干部“四对一”结对帮扶全覆盖；“县级领导包乡镇、乡镇领导包村、县直单位定点驻村、干部结对帮扶贫困户”全覆盖；符合生态岗位安排条件的农牧民群众生态岗位全覆盖；县、乡、村三级干部主动与贫困户联系沟通交流全覆盖。四是强化要素整合。强化各级各部门相关政策、资金整合，不断完善惠农惠民政策体系，对贫困村、贫困户提供全方位的政策扶持，推进解决贫困群众的急事、难事。五是强化督查考核。各乡（镇）向县委、县政府逐年签订责任状，村“两委”向乡（镇）党委、政府签订责任状，层层立下军令状，不断构建各负其责、合力攻坚的责任体系。同时，充分发挥巡察利剑作用和日常督导考核，对扶贫领域进行全方位专项巡察、全覆盖督导检查，为墨脱县打赢脱贫攻坚战提供坚强的纪律保障。

（二）在扶贫方式上，做到“五转变”

一是实现由“输血式”扶贫向“造血式”扶贫转变。大力发展以茶叶、旅游业、民族手工业、特色林果种植业为代表的特色农牧产业，积极引导广大贫困群众参与到产业建设与管理服务各个环节，学技术、长本领、增收入，不断提高群众的内生动力。二是实现由政府主导向政府引导与个人主体相结合转变。通过开展各种行之有效的活动，邀请专家和致富能手到贫困村互联、互帮、互带，同时结合“走出去”“请进来”等形式，带基层干部和群众代表去先进地区参观，打开群众视野，激发贫困群众内生动力。三是实现由短期扶贫向长短期扶贫相结合转变。在制定产业脱贫计划中，既扶持贫困户发展能够短期内迅速见效的“短、平、快”产业，又鼓励贫困户发展乡村旅游等“长、远、稳”产业，从根本上解决可持续发展问题，确保贫困户脱贫不返贫。四是实现由“大水漫灌式”扶贫向“精准滴灌式”扶贫转变。更加注重因村因户因人施策，依据贫困户贫困原因及程度，按照分类施策“精准滴灌”的原则，对贫困户进行分类管理、各个击破，针对不同原因致贫的不同人群，出台产业扶贫、易地扶贫搬迁、教育扶贫、健康扶贫、金融扶贫等优惠政策。五是实现由单一扶贫向多元扶贫转变。全力构建“大扶贫”格局，鼓励引导龙头企业以“公司＋基地十农户＋实体店（店）”“合作社＋农户”等模式，带动贫困户脱贫致富。

（六）为全面建成小康社会跑好“最后一公里”

为实现全面建成小康社会的总目标，墨脱县委、县政府对下一步发展有着清醒的认识和规划。

（一）在优化产业结构上下功夫

一是处理好扶贫产业与农牧特色产业的关系，进一步加快推进年度9000亩茶树种植任务，并加大资金整合使用力度，确保在规定的时间内完成规定动作；二是处理好扶贫产业与村集体经济的关系，发挥好村（居）“两委”班子成员作用，选好用好致富带头人，帮助引导党员和致富能人创办、领办产业项目，拓宽村集体经济发展渠道，提升农牧业产业化水平，使党员干部成为带领贫困群众脱贫致富奔小康的主心骨、领路人。

（二）在建立长效机制巩固脱贫成果上下功夫

充分激发贫困人口内生动力，夯实贫困人口稳定脱贫基础。一是坚持“扶上马、送一程”，保持现有力量不减，投入力度不降，脱贫不脱政策。二是把脱贫攻坚与实施乡村振兴战略充分结合起来，深入推进产业融合发展，扶持新型经营主体，不断增强脱贫村和脱贫群众的自身“造血”机能。

（三）在补齐基础短板加快县域经济发展上下功夫

着力解决历史欠账问题，破解区域发展不平衡、不充分难题，坚持以脱贫攻坚统揽经济社会发展全局，坚持以充分解决“两不愁三保障”为目标，坚持以“水电路讯网、科教文卫保”十项提升工程为依托，进一步配套完善农村公共服务设施，稳步推动群众住房条件改善、产业发展、生态和人居环境建设，推进村级活动场所标准化建设，进一步筑牢广大农牧民群众固边成边的思想根基，坚定感党恩、听党话、跟党走的理想信念。

（四）在深化产业扶贫，持续带动群众长期受益上下功夫

继续深化精准扶贫产业项目建设，实现扶贫产业项目贫困群众全覆盖，项目利益分红全覆盖。一是坚持推进以旅游业为主导、茶产业为支撑、亚热带林果业为辅的特色产业，继续在扩大茶叶、林果种植规模上下功夫，持续在完善旅游基础设施上发力，加大招商引资力度，加快推进特色产业规模化生产、规范化管理、市场化经营；二是充分发挥村集体经济，选优配强村“两委”班子，大力培育致富带头人，三是进一步完善产业项目利益联结机制，确保贫困群众真正从企业带动、合作社带动、能人带动的精准扶贫产业项目中持续增收、稳定脱贫、长期受益。

古人云：“行百里者半九十。”截至2020年10月，墨脱县脱贫攻坚战已进入决战决胜、全面收官的关键阶段，县委、县政府决心以最强的责任、最大的决心、最大的干劲，毫不松懈落实各项帮扶措施，全面解决“两不愁三保障”突出问题，着力巩固拓展脱贫攻坚成果，为全面打赢脱贫攻坚战、全面建成小康社会跑好“最后一公里”。

三　推进墨脱县基础设施建设

与早期总体发展水平低下、发展进展缓慢的特征相一致，长期以来基础设施建设一直是墨脱县脱贫攻坚的最大瓶颈和障碍，集中表现在公路交通、电力和居住条件三大领域。自脱贫攻坚战打响以来，在全国对口支援省市的帮扶下，墨脱县委县政府积极遵照中央和西藏自治区有关脱贫攻坚的政策方针，根据当地实际，精准施策，取得墨脱县基础设施建设的积极成果。

（一）墨脱县交通基础设施发生根本性发展变化

墨扎公路①通车之前，墨脱县曾是全国最后一个不通路的县城，县内与县外人员来往、物资运输只能靠徒步跋涉、人背马驮，翻越4000米以上的雪山隘口，穿过蚂蟥、猛兽出没的原始森林。县内交通也受物资运输困难的限制，发展非常缓慢，各乡镇之间交通仅靠骡马驿道相通，部分村之间只有羊肠小道。

为改善当地落后的交通条件，在党和政府的领导和军民共同努力下，20 世纪 60 年代初派乡通往墨脱的马道修通，1964

① “墨扎公路”也称“扎墨公路”，即 G559 扎墨段，从西藏波密县城扎木镇到墨脱县城墨脱镇，是墨脱县通往外部周边地区的第一条公路。

年10月墨脱历史上第一座钢索桥“解放大桥”建成，其后多座钢索桥建成。从此，墨脱人民结束了出门攀藤索、爬悬崖的历史。1994年，墨脱公路实现了季节性通车。

2008年墨扎公路的开工建设，逐步加快了农村公路的建设步伐，公路里程也不断增加，至2013年底全县公路里程270.13千米，乡镇公路通达率75%、行政村通达率46%。

随着墨扎公路的正式通车及国家对墨脱交通的投资力度不断加大，墨脱交通取得了快速发展，农村公路的建设力度不断加大，墨扎公路正式通车以来墨脱县公路建设项目达53个，总投资约37.23亿元。截至2020年上半年，墨脱县公路总里程达496.314千米，8个乡镇全部实现通达，5个乡实现通畅（含在建），乡镇公路通达率100%，通畅率62.5%；46个行政村实现通达，通达率达100%，其中33个村实现通畅，通畅率达71.74%。曾经翻山越岭的羊肠小道和泥泞的骡马驿道逐渐被宽阔平坦的农村公路取代，一座座溜索、藤网桥也渐渐变成历史遗物。无论是到乡里、县里还是市里都不会再徒步十几个小时甚至几天的时间，也不会再胆战心惊地坐溜索、跨藤桥。交通基础设施的不断发展，使人民群众的出行条件逐步得到改善，为墨脱县经济的快速发展和全面建成小康社会搭桥铺路。

（一）建成公路网主干线

近年来，在上级交通部门的关怀和正确领导下，墨脱县交通事业呈健康有序的发展态势。按照“先通达后通畅”的原则，始终把交通基础设施建设摆在优先发展的战略位置。在加快墨扎公路建设的同时，不断加强县内公路网络建设，建立墨脱公路网主干线，实现乡与乡、村与村、墨脱县与兄弟县的公路网络体系。截至目前，墨脱县公路总里程达496.314千米，其中，通县道117千米，通乡道129.819千米，通村道249.495千米，乡镇公路通达率为100%，通畅率为62.5%（8个乡镇中德兴乡、背崩乡、达木乡、格当乡、墨脱镇 5 个乡实现通畅），行政村公路通达率为 100%（46 个全部实现通达）、通畅率为 71.74%。

（二）积极推进项目建设投资

历届县委、县政府都把交通作为全县工作的重中之重，明确提出要突破交通这个制约墨脱县经济社会发展的瓶颈，围绕交通抓各项工作。墨扎公路通车后，累计投入交通项目资金近 67.42 亿元，实施各类公路建设项目 58 个，同时带动农牧民增收约 2374.2 万元。其中 2020 年，在建交通项目有波密至墨脱公路整治改建工程、G219 墨脱至察隅段、C559 达国桥至加热萨至甘登公路新建工程等 13 个项目，总投资 35.30 亿元，自开工以来累计完成投资 26.54 亿元。

（三）墨扎公路建设完成

1974 年，由西藏公路规划设计院正式对墨脱公路进行了设计，所选方案即从波密入境的墨扎公路。1975 年 7 月成立了墨脱公路修建指挥部，同年开始组建施工队动工修建，经过 6 年艰苦卓绝的工作，耗资 2538 万元，只是粗通至 K100，出于种种原因，工程于 1980 年停工下马。1988 年在林芝地区行署的支持下，墨脱县委、县政府为了改善交通运输状况，多方面筹集资金 50 万元修复墨扎公路波密县扎木镇—K80（波弄贡）的简易公路，在 K80 修建物资供给转运站，使用汽车将物资运输至 K80 转运站，再用人背马驮将物资运输至县城和各乡及边防军营。1989 年由交通部补助、地方筹资相结合，投资 2000 余万元，墨脱公路再次上马，修通墨扎公路 K80—K141.2（县城）的简易公路。经过 4 年的奋斗，于 1994 年 1 月墨脱简易公路全线贯通，汽车开进了墨脱县城。但是此后不久，随着雨季的来临，公路沿线泥石流、塌方不断出现，全线又处于瘫痪状态。1998 年，因自然灾害严重，县委、县政府为了及时将救灾物资送到受灾群众手中，在财政十分紧张的情况下，抽出150万元，修通K80至县城的简易公路，将救灾物资运送至县里。1998年自治区工作组进墨脱以后，自治区政府形成了〔1998〕4号纪要文件，每年为墨扎公路波密县扎木镇—K80（波弄贡）简易公路提供90万元的保通费用。2000年易贡特大自然灾害后，墨脱县简易公路、桥梁、骡马驿道、溜索全部被水冲毁，墨脱成为名副其实的“高原孤岛”，灾情十分严重。党中央、自治区党委和政府十分重视墨脱的灾情，为了墨脱的灾后重建，拨款1200多万元，恢复了灾后的墨脱县内交通。2001年至2003年，县委、县政府为了减轻广大农牧民群众的背运负担，以方便群众拿出更多的时间进行农牧业生产，每年都要从有限的财政收入中抽出150万元资金，用于维修K80至县城的简易公路，以便全县6500多吨的民用和军用物资能够顺利运输至县城。2004年至2006年，投资930万元顺利完成了墨扎公路K80至县城的保通任务，保证了物资运输的顺利进行。2005年至2008年，在自治区交通厅、公路管理局和地区交通局的关心和大力支持帮助下，西藏天顺公司对扎墨线进行了便道整治，通过对路基、路面的整治，已完工的路段通行能力有较大的改善。2008年11月开工建设墨扎公路改扩建一期工程，全长116.997千米，总投资9.5亿元。其中，控制性工程嘎龙拉隧道于2010年12月15日正式贯通，紧接着转入内部整治和路面铺设工程。2011年11月底完成墨扎公路改扩建一期工程，立即于2011年12月启动墨扎公路改扩建二期工程，总投资3.5亿元，预计2013年10月完工，将由原计划的省道升级为219国道一部分，由林芝地区公路分局养护。

（四）公路建设助力小康社会建设

在西藏有句话，墨脱的路才是真正的天路，比登天还难。近年来，特别是党的十八大以来，在以习近平同志为核心的党中央坚强领导下，在区党委、区政府和市委、市政府的正确部署下，墨脱县委、县政府按照“交通兴县”战略，大力推进交通服务脱贫攻坚，实现了交通运输行业健康稳定持续发展，为墨脱全面建成小康社会提供了先行引领和支持保障。

一是交通助力走向“发展路”。2013 年 10 月 31 日，墨扎公路正式通车。墨脱公路的开通，结束了墨脱县全国唯一不通公路的历史。墨扎公路通车后，墨脱县委、县政府继续按照“交通兴县”战略，投入资金近 67.42 亿元，实施各类公路建设项目 58 个，全县公路建设实现了短板到补齐短板再到发展完善的转变，墨脱县经济社会实现了跨越式向高质量发展的转变。

二是交通助力走向“特色路”。交通短板一直是困扰墨脱经济发展的制约因素。交通短板的制约致使部分公共政策和社会发展红利无法落地，农牧民群众出行难、运输难、上学难、看病难等问题不能得到彻底解决，农村运输条件、基础设施落后的局面不能得到很好转变。随着公路网的日趋完善，墨脱县委县政府按照党中央、区党委和市委全面打赢脱贫攻坚战的决策部署，科学谋划统筹，发挥特色优势，积极主动实施“交通 +”战略。通过“交通 + 特色产业”扶贫模式的深入实施，一批“幸福小康路”“特色致富路”等交通特色的精准扶贫路正在涌现，墨脱县墨脱镇等 6 个乡（镇）先后走上了茶产业绿色发展之路，部分村以交通运输便捷优势，结合当地特点特色，通过招商引资，部分企业纷纷落户乡镇村居，给农村发展注入了活力；部分村依托完善的乡村公路网络和周边土地资源，农户发展规模种植，不仅使农户增加了收入，还走出了创业致富道路，真正使“民心路”变成了“长久致富路”。

三是交通助力走向“致富路”。随着交通发展持续向好，墨脱县委县政府把全面建设“四好农村路”作为乡村振兴的重大支撑、重要保障，通过设置生态转移就业岗位、加强群众宣传引导教育、雇用当地农牧民群众积极参与等系列举措，2016 年以来设置生态转移就业岗位兑现农村公路养护人员工资207.45万元；“十三五”期间，通过交通项目的实施，累计带动农牧民群众增收2092万元，进一步拓宽了群众增收渠道，促进了当地经济发展。

四是交通助力走向“便民路”。2019年12月27日，墨脱县客运班线的正式开通，结束了全市唯一一个不通班车的历史。2020年，墨脱县城至背崩乡、德兴乡、格当乡3条客运班线相继开通，覆盖全县5个乡（镇）、13个行政村、1个自然村，乡镇通客车率达62.5%，行政村通客车率达28%，着力解决了农牧民群众出行难、运输难、上学难、看病难等问题，切实改变了农村运输条件和基础设施落后的局面，客运车辆已被人们称为“便民车”。

过去的“高原孤岛”不久将会四通八达，连接起全国各地星罗棋布的致富产业之路，引进来自四面八方的游客。2020年是“十三五”规划收官之年，是全面建成小康社会也是着眼第二个百年目标、加快建设交通强国、为“十四五”良好开局打下基础的关键之年。墨脱县将继续以习近平新时代中国特色社会主义思想为指导，紧扣全面建成小康社会目标任务，以建设人民满意交通新成效，服务“五个墨脱”建设，服务脱贫攻坚，服务全面建成小康社会。

（二）实现乡乡通电，助力打赢脱贫攻坚战[①]

2012年10月，华能集团进驻西藏墨脱，通过三年多的努力，电力扶贫初见成效。2016年7月，随着亚让电站及其线路

① 此部分案例引自《墨脱县实现乡乡通电》，国务院新闻办公室网（《人民日报》2016年7月4日），http：//www.scio.gov.cn/zhzc/8/1/Document/1482461/1482461.htm，2020-11-10。

延伸工程的投产，墨脱县彻底告别电力严重短缺的局面，电网延伸到墨脱尚未通公路的最偏远的乡——甘登乡，墨脱县终于实现了电网全覆盖。

华能开展电力扶贫以前，墨脱县人均装机只有0.1千瓦。特别是到冬季，全县的小水电只能发出300千瓦的电量，缺口大、不稳定，停电是常事。柴油发电机往往成为主要电力来源，光县城，柴油发电机就有400多台。装机5000千瓦的亚让水电站投产后，墨脱的人均电力装机量提高了4倍，彻底解决了全县的缺电问题。2016年，电网覆盖了不通公路的加热萨乡和甘登乡，实现了墨脱县的全覆盖，墨脱各族人民用电的可靠性大大提高。

为帮助墨脱实现电力联通，尽管墨扎公路修通并于2013年建成通车，交通条件大为改善，但华能公司员工还是需要克服很大困难完成扶贫任务。墨扎公路翻越雪山、穿越原始森林，道路状况非常差，经常会因水毁、塌方、泥石流和雪崩而中断交通。山高谷深，道路狭窄，宽7米以上的车辆无法通过，大型设备运输无法实现。比如，出厂标尺9米的钢筋，受转弯半径限制，都必须锯成两段运。而水轮发电机机组等大型设备必须要拆解了才能运输。没有公路的路段，就只能靠人扛骡驮。甘登水电站的水轮机就是由16个壮汉抬进去的，每天行进最多1千米，最困难的路段一天只能挪动100米，运输周期长达半年。

由于是在极端困难的条件下施工建设，墨脱的电力建设成本至少是内地的4倍以上。“十三五”期间，华能在墨脱还对亚让水电站进行扩容，同时新建一座水电站，实现区域内电源保障；华能还规划新建和扩建35千伏变电站3座，35千伏、10千伏及低压线路新建改建200多千米。

除了实现乡乡通电，华能还按照县城的标准，对墨脱进行全面的农村电网改造，让广大门巴族、珞巴族农村兄弟像县城的居民一样，用上安全可靠的放心电。

通过公路和电力建设，墨脱县的基础设施总体水平达到脱贫标准，为巩固脱贫后续成果、实现可持续发展提供了坚实保障。

（三）推进边境小康村建设

墨脱县列入《西藏自治区边境地区小康村建设规划》共有5个边境乡（镇）34个边境村庄，规划内人口1904户8528人。截至2020年上半年，墨脱县边境小康村项目共到位资金8.33亿元（其中援藏资金1.018亿元），累计完成投资7.02亿元；已完工村庄21个，已基本完工村庄9个，正在加紧建设村庄4个；其中涉及抵边搬迁村庄6个，已完工的村庄5个，正在建设的村庄1个。

（一）小康村建设总体进展顺利

为保质保量完成规划内建设任务，墨脱县立足村庄实际，将34个边境村庄按项目实施性质分为三类进行规划建设，并制定年度实施计划分批次实施建设，即“提升改造类”“抵边搬迁类”“统规统建类”。

提升改造类23个村庄，总投资为35934.19万元，主要为2013年享受过民房改造的边境村庄，在原有的基础上提升改造，完善村庄的“水电路讯网”基础设施及公共服务设施，改善村庄的村容村貌，提高边民生产生活条件。

易地扶贫搬迁类5个村庄，均为抵边搬迁村庄，总投资17109.25万元，已完成搬迁入住；建设内容包括住房建设、基础设施建设、配套公共服务设施、产业建设。该项目的顺利实施，有效分担减轻了墨脱县脱贫攻坚的难度，充实边境一线边民力量，使农牧民能够留得住、住得好、富起来，从而使感党恩、听党话、跟党走更深入人心。

统规统建类 6 个村庄，总投资为 30479.2 万元，主要为 2013 年未享受过民房改造的边境村庄，重建住房，整体配套村庄的“水电路讯网、科教文卫保”等基础设施及公共服务设施；其中波东村为抵边搬迁村庄。

（二）产业建设取得积极进展

根据《林芝市边境地区小康村建设实施方案》（产业建设任务），结合墨脱县既定的产业发展布局，依托资源禀赋和边境村实际，34 个边境村庄的产业建设以茶产业为主。截至 2020 年上半年，已累计计划总投资 9263.63 万元，建设内容为新种植茶叶 4279 亩；新建茶叶加工厂两个，分别为德兴乡荷扎村茶叶加工厂、背崩乡背崩村茶叶加工村；已完成茶叶种植 4279 亩；德兴乡荷扎村茶叶加工厂已建设完成，背崩乡背崩村茶叶加工厂正在办理林评手续。

（三）存在困难和问题

一是施工保障难度大，施工条件差。受国道 559 线改建影响，通县的国道 559 线墨扎公路过境段改建进行交通管制，封闭施工。2019 年墨扎公路共实行管制 130 天，2020 年受疫情影响及交通管制影响，截至 9 月底实际通行时间只有 100 天左右。加之各通乡通村公路扩建硬化，导致县城各主道、支道有效通行时间短，通行保障能力降低；受项目建设地点客观环境影响，“三通一平”保障难度大，如通往巴登村马尼翁搬迁点及抵边搬迁点通往波东村搬迁点（国兴点）无道路通达、无电力配套，须先行实施搬迁点道路及电力工程，导致搬迁点实际开工时间滞后。

二是受新冠肺炎疫情及雨季影响，施工面难以展开。受新冠肺炎疫情影响，2020 年初复工滞后，3 月底才实现全面复工，错过墨脱施工黄金期。进入4月，墨脱进入雨季，县、乡、村三级道路时常出现塌方、泥石流现象，不仅影响施工材料运输，施工现场施工面也难以展开，实际有效施工期非常短。据统计，由于特殊的地理气候环境，墨脱县各地的施工期有所不同，虽然总体上4—8月份总施工期为142天，但有的村庄有效施工期为72天（如巴登村），有的只有64天（如阿苍村）。施工作业面少，导致大部分施工建设地点或多或少出现窝工现象，许多务工人员不愿再留在墨脱，人员短缺也是项目滞后的重要因素。

（四）小康村建设下一步计划

小康村建设是墨脱县实现稳定可持续脱贫的重要环节，关系到当地人民生活和生产、人口素质、劳动生产力、经济社会等多方面发展。为进一步扎实推进和巩固小康村建设成果，墨脱县特别重视从管理入手、从细化工程质量着手推进小康村建设。

一是加快推进四个难点村的建设进度。结合小康村建设实际，安排4名小康办工作人员分别对背崩乡巴登村、波东村、阿苍村、德尔贡村小康村建设进行实地督导，重点督导项目管理和监理企业履职尽责；全面梳理排查各施工现场的施工材料、人员、机械配备情况，对于施工要素配备不合理、施工管理不规范的进行调整充实。同时，根据各施工单位剩余工程量，制定任务目标和施工人员、材料及机械计划表，分发至各施工单位、监理单位，要求各施工单位按照计划表安排人、材、机械，务必保证各施工单位按要求、按计划完成目标任务。

二是做好完工小康村收尾工作。对于已完工的30个小康村建设，积极与施工、监理、财评进行对接，做好服务工作，加快完成项目验收、财评、决算等工作，尽快完成交付使用。

从实地调研情况看，墨脱县小康村建设深受当地人民的肯定和赞赏，新的房屋配有宽敞的庭院，其建筑风格也延续了当地门巴珞巴民族建筑特色，在新的意义上传承了门珞文化的精髓。新建房屋大多在原有村址上建设而成，新房宽敞明亮，楼上楼下，非常舒适漂亮，与老旧房屋形成鲜明对照。小康村建设极大改变了当地人民的生活生产条件，改变了村民的精神面貌，成为墨脱县巩固脱贫攻坚成果和迈向小康社会的重要标志。

四　墨脱县茶叶产业发展与脱贫攻坚

2015 年《中共中央、国务院关于打赢脱贫攻坚战的决定》发布，明确精准扶贫方略的具体措施，其中就要求“发展特色产业脱贫”，并明确指出：“制定贫困地区特色产业发展规划。出台专项政策，统筹使用涉农资金，重点支持贫困村、贫困户因地制宜发展种养业和传统手工业等。”① 2018 年出台的《中共中央、国务院关于打赢脱贫攻坚战三年行动的指导意见》明确提出，“深入实施贫困地区特色产业提升工程，因地制宜加快发展对贫困户增收带动作用明显的种植养殖业、林草业、农产品加工业、特色手工业、休闲农业和乡村旅游，积极培育和推广有市场、有品牌、有效益的特色产品”。② 以中共中央、国务院文件精神为指导，考虑到墨脱县的自然环境和发展特色产业的具体条件，2012 年广东佛山援藏工作组到墨脱县工作时，注意到当地独特的气候，认为可以通过发展茶叶产业带动当地脱贫致富，并试建了一座茶园。之后墨脱县委、县政府决定将茶产业确定为当地的特色产业，就墨脱县的产业发展模式开始进行

---

① 《中共中央、国务院关于打赢脱贫攻坚战的决定》，新华网，http://www.xinhuanet.com/politics/2015－12/07/c_1117383987.htm。

② 《中共中央、国务院关于打赢脱贫攻坚战三年行动的指导意见》，新华网，http：//www.xinhuanet.com/politics/2018－08/19/c_1123292992.htm。

规划，并最终通过发展茶产业，将生态环境保护同民生改善相结合，探索出一条依托自然条件发展产业的独特之路，提供了脱贫攻坚的“墨脱经验”。

（一）结缘茶产业

墨脱县处于喜马拉雅山东侧，地处雅鲁藏布江下游，气候上受孟加拉湾湿润气流和印度洋暖流影响，气候温和、湿润、多雨，年均气温高达 18.4℃，年均降雨量也在 2330 毫米以上，与我国华南一带气候类似，与印度知名的红茶产地阿萨姆邦相邻，非常适宜茶树生长。

相关文献记载，西藏地区种茶始于 1956 年，当时在林芝地区的察隅县日卡通试种茶树，之后在林芝地区的波密、墨脱等地进行了试验性推广，其中波密县种植茶叶较多。波密县于 1966 年建有易贡茶厂，90 年代波密县茶叶种植面积已有 2000 多亩，目前约有 5000 亩。[①] 20 世纪 50—70 年代在墨脱县试种的茶树出于技术原因，虽有试验，但并未延续下来，也未形成相关产业。

墨脱县茶产业的发展缘起于广东援藏干部的挖掘和推广。广东是全国闻名的“喝茶大省”，全省茶叶消费总量常年处于全国首位，其气候、地理条件也适合种植茶叶。广东韶关、茂名、清远盛产红茶，梅州、惠州种植绿茶，潮州产凤凰单丛，更是被誉为乌龙茶中的极品，被评为中国国家地理标志产品，远销海内外。发展茶产业及相关产业链的方法和经验对当地政府而言，也已经非常成熟，一直在吸引其他省份进行学习和推广。2012 年广东佛山援藏工作组到墨脱县工作时，考虑到当地独特

① 唐颢、唐劲驰等：《西藏墨脱县茶叶发展现状及建议》，《广东茶叶》2019 年第 4 期，第 22 页。

气候，认为可以通过发展茶叶产业带动当地脱贫致富，并在与墨脱县政府商议之后决定试建一座茶园；之后，经过反复调研、论证，专门从福建引进一批茶苗进行试种，种植效果非常好，茶叶品质较高，各方一致认为能产生较高的经济价值。之后，墨脱县委、县政府于2013年将茶叶确立为当地的特色主导产业，并在资金、人才、政策上加强配套，集中力量进行推广和发展，使得目前“小茶叶”成为富民增收的“大功臣”，也为整个林芝地区的脱贫攻坚和产业发展走出了一条特色之路。

（一）加强党政领导，多举措发展茶产业

从学术角度看，政治学、公共管理学界用“耦合治理结构”解释当前中国共产党领导下的贫困问题治理方式。所谓“耦合治理结构”，是指中国在国家治理过程中，在国家与社会、政府与民间逐步形成互相渗透、认同、嵌入等多重互动关系，并将这种由正式与非正式组成的双重治理体系耦合而成的结构称为耦合性的国家治理结构，简称“耦合治理结构”。[①] 具体到中国农村基层脱贫攻坚的实践过程中，为了使扶贫政策在乡村中具有得力的执行主体，往往会通过加强基层党的建设和组织领导主抓脱贫任务，落实具体任务细节，并利用组织资源和优势推动产业发展。[②] 基层党建与精准扶贫之间是一种双重推进的关系：一方面，精准扶贫使得农村党建有了具体抓手，尤其是选派干部到基层负责扶贫，强化基层党组织力量，增加其脱贫攻坚中的战斗力；另一方面，基层党建也促进了精准扶贫的政策落地与实施，尤其是强化了扶贫包干和责任落实，二者之间的

---

① 黄杰：《耦合治理结构与大国治理：对双轨政治的重温和拓展性解读》，《浙江社会科学》2012年第9期，第47页。

② 徐明强、许汉泽：《新耦合治理：精准扶贫与基层党建的双重推进》，《西北农林科技大学学报》（社会科学版）2018年第3期，第82—89页。

互动形成了“耦合治理”的新秩序。①

县域的发展关键在于产业发展，将贫困户组织起来不仅是产业扶贫的基本前提，也是精准扶贫、实施乡村振兴战略的重要基础。对于墨脱县这样一个产业基础几乎为零的县来讲，若想快速发展地方产业，需要整合全县域资源推进产业发展，所以基层党组织在产业扶贫中发挥着重要的引领作用。自2013年起，墨脱县委、县政府高度重视茶产业，把茶产业作为促进全县社会经济发展的主导产业。其中，党和政府的引领有以下具体表现。

第一，政府统一领导，推进产业快速发展。墨脱县成立茶叶产业发展领导小组，由县政府分管农牧业的副县长为组长，县农牧局、县财政局等相关单位部门负责人组建的茶叶领导小组、下属乡镇分管领导为成员，下设茶叶领导小组办公室。各个乡镇党委书记和主要负责人挂帅抓茶叶工作，形成了主要领导亲自抓、分管领导具体抓，一级抓一级，层层抓落实，齐抓共管的茶产业建设新格局。墨脱县县一级领导多次组织相关调研活动，亲自协调具体事宜。例如在2020年3月全面复工复产后，墨脱县常务副县长就茶园复工问题进行专题调研，两天内前往四个主要茶产业乡镇走访调研，其间与乡镇党委书记、乡长、相关干部等25人召开座谈会，现场协调茶青采摘任务和当年9000亩茶园种植任务，其对茶产业重视程度可见一斑。② 此外，通过近几年来的大力宣传、动员以及实际效益，群众发展茶产业的积极性和自觉性也被充分调动起来，群众观念从“要

① 许汉泽、徐明强：《再造集体经济：从“产业扶贫”到“产业兴旺”的路径探索——对H县“三个一”产业扶贫模式的考察》，《南京农业大学学报》（社会科学版）2020年第4期，第81页。

② 《多吉扎西前往4个乡（镇）开展茶产业发展工作调研》，墨脱县政府网，http：//www.motuo.gov.cn/mtx/xwzx/202003/edfc56935e0e4166ab482847da51f8ee.shtml。

我种茶”转向了“我要种茶”，如今群众自愿拿出自家的低产量常耕地用来种茶，对墨脱做大做强茶产业提供了坚实的群众基础。

第二，在实施过程中，基层党建直接嵌入产业扶贫，采取“党支部+贫困户”的模式直接推动茶产业在基层的发展。村（社区）党支部作为核心和纽带，引导带领贫困户发展种植产业，统筹解决茶产业发展的土地、资金、技术、市场等问题，取得党建扶贫的良好效果。需要特别指出的是，下派的扶贫第一书记、驻村干部在产业扶贫中发挥了“接点治理”的作用。一方面，扶贫第一书记、驻村干部与村两委干部一起宣传动员村民种植茶叶，对基层农户进行一对一的种植协助，尤其是对贫困户进行特别帮助；另一方面，他们积极与上级不同行政部门以及企业对接，协调收购农户茶叶的各项事宜，保障农户切实收益。他们还尝试在有条件的乡镇指导成立村级合作社，促使合作社与农户尤其是贫困户结成利益共同体，帮助其抱团发展。

第三，聘请技术指导，直达基层农户。茶产业发展离不开农业技术支持，20 世纪 70 年代墨脱县茶产业没有发展起来也是出于技术原因，所以墨脱县委和县政府高度重视茶叶种植技术的推广。在 2013 年确立茶产业为农牧业主导产业之后，墨脱县立即聘请四川雅安名山县茶叶研究所教授担任墨脱县茶叶种植技术顾问，针对墨脱县的独特自然条件，量身定制了《墨脱县茶叶产业发展总体规划》《墨脱县茶叶基地后续管理规定》等相关规划及管理办法。为规范全县茶叶种植及资金使用，印发了《墨脱县茶叶种植工作推进方案》，使墨脱县茶产业发展各项工作有章可循。每一个茶叶种植基地从选址、设计、实施、后续管护都安排了茶叶专班工作人员一对一提供技术指导及服务，尤其是茶园土建开发到茶苗栽种、茶叶种植，工作专班人员全程蹲点，全程参与技术指导及监督，动员项目区群众积极参与到项目建设中，帮助群众实现增收并掌握茶叶种植技术；广东援藏干部也深入基层，除了每月定期派驻技术人员实地查看茶园近况、提供技术指导以外，村民一旦发现病虫害或其他紧急状况，只需把问题反馈至工作组，后者就会第一时间赶赴现场提供技术保障。① 从起初的“探索种植”到现在的“科学种植”，墨脱县的茶叶种植有了质的飞跃。在不断扩大现有茶叶种植面积的同时，还会经常“回头看”，研究分析已建茶园的长势、管护以及产量，从已建茶园中发现问题、吸取经验及教训，使在建及拟建茶园的设计、规划更加规范、科学。此外，基层乡镇政府还组织不同的乡村村民就茶业种植技术，进行村际间的交流和学习。例如，2019 年 5 月 27 日，墨脱县就组织帮辛乡帮辛村等 6 个村 22 名茶叶种植能手、科技特派员及村“两委”班子成员，通过实地采摘茶青、观摩的方式与各村收入较高的种茶能手开展交流学习。②

第四，整合扶贫资金，鼓励农户种茶。整合扶贫资金，集中优势力量发展关键产业，对于墨脱这样一个产业基础非常薄弱的贫困县来说至关重要。在吃透国家相关产业扶植政策的基础上，墨脱县专门成立了涉农资金整合工作领导小组及办公室，整合涉农资金用于产业发展，使其形成“多个渠道引水、一个龙头放水”的扶贫投入新格局。涉农资金整合工作在县委县政府的领导下，由县整合领导小组统一部署实施，领导小组组长由政府县长担任，副组长由分管副县长担任，成员由脱贫攻坚各专项组成员单位负责人组成。县涉农资金整合工作领导小组办公室设在政策资金保障组，由分管扶贫副县长兼任办公室主

① 《产业援藏：授人以渔铺就致富路》，搜狐网，https：//www.sohu. com/a/340542135_100161806。

② 《墨脱县 2019 年第二期农牧民实用技能培训顺利开展》，墨脱县政府网，http：//www.motuo. gov. cn/mtx/xwzx/201905/ef0cbbc64e6f41769e5c97a34bbb695e. shtml。

任，财政局副局长、扶贫办副主任兼任办公室副主任，负责涉农资金的组织、协调及管理制度制定等。地方各级党和政府的工作目标就是通过将整合后的扶贫资金注入茶产业，再造集体经济，推动集体致富。

以2020年墨脱县涉农资金整合计划方案为例，墨脱县涉农资金整合小组整合了用于农业生产发展和农村基础设施建设等方面的资金项目共24个、资金总额共约5494万元。① 墨脱县计划将这些资金分为产业发展、基础设施、生态就业补助、边境小康村建设四大部分分别投入，其中用于扶贫产业发展资金有2448.48万元，占总金额的44.6%，全部用在了茶产业发展上。其中，600万元用于在德兴乡新建一座茶叶加工厂，剩余1848.48万元用于墨脱县背崩乡格林村、德尔贡村等1235亩茶园建设，受益群众共4321户19576人，其中受益贫困户799户3283人。此外，还有搬迁配套产业及基础设施类资金450万元，用于墨脱异地搬迁的农村发展茶产业，涉及300亩茶园建设费用以及后续管护费，预计受益群众60户300人，全部为易地搬迁的贫困户。在种植茶叶过程中，墨脱县所有农户的茶苗及相关种植费用均由政府负担，种植茶叶农户三年的茶叶管理费由政府发放，每年分别依次为1000元、800元、600元，按亩数发放到农户手中。在农村集体土地上种植茶叶时，参与的农户每亩还有4000元的补贴收入，等于农户种植茶叶的全部成本均由政府负担，农户以零成本获得茶叶种植的全部收益。

第五，积极引导产业与市场对接，拓宽产业链条。引导产业与市场对接是产业扶贫的关键，实际上很多产业扶贫项目失败也是由于对接市场不成功，扶贫产品要么销售不成功，要么

---

① 《墨脱县2020年统筹整合使用财政涉农资金方案》，墨脱县人民政府网，http://www.linzhi.gov.cn/mtx/zwgk/202006/59d63ac71f1c43e694862dfdf1ee333b.shtml。

供大于求，“政府让种什么就赔什么”，甚至陷入了一种“产业扶贫怪圈”。[①] 在这方面，墨脱县考虑的也较为周全。西藏自治区茶叶消费量较高，2016年有关研究报告显示，西藏自治区人均日茶叶消费量为23.19克，居全国首位。[②] 茶叶在西藏当地具有相当大的市场，甚至可以说是供不应求。同时，为进一步提高茶产品增值能力，更好地对接市场，2015年，墨脱县政府出面引进西藏文旅集团在县注册成立墨脱县茶业有限公司，采取“公司+基地+农户+实体店（网店）”的产业发展模式，建设茶叶加工厂，由企业负责收购茶青、加工、包装、销售工作。在企业收购茶叶时，政府出面与企业协商最低价格，使农户卖茶价格保持在合理区间。例如，2019年政府协商茶叶收购价为35元/斤，[③] 2020年受新冠肺炎疫情影响，茶叶普遍收购价格降低，但经政府协调后收购价格为24元/斤，价格变动不大。这一做法也切实保障农户收益不受过多的市场波动影响。

有关企业在墨脱县加工茶叶，主要制成红茶和绿茶，在拉萨、成都、林芝、墨脱等地均开设墨脱茶实体销售网点，并成功入驻“京东”网，线上线下共同售卖墨脱茶叶，翻开墨脱茶网络销售新的一页。

第六，形成督导考核体系，强化绩效考核。为了保障各项资金政策切实促进茶产业发展，墨脱县也形成了一套有针对性的监督考核体系。一方面，对用于产业发展的统筹整合资金绩效进行考评，其主要内容包括：就贫困人口脱贫数建档立卡、统计建档立卡贫困人口年人均可支配收入增幅、年度项目计划

---

① 姜庆志：《走出怪圈：产业扶贫中基层政府治理转型的多重逻辑——基于建始县的纵向案例分析》，《中国农村经济》2019年第11期，第101页。

② 宋雁、刘爱东等：《我国西藏等地区成年人边销茶消费量调查分析》，《中国茶叶加工》2016年第1期，第42—49页。

③ 此部分有关“斤”的质量单位均指“市斤”。

完成情况、统筹整合资金使用方案、计划执行情况总结材料、资金拨付及相关材料以及各单位职责落实、违法违纪情况等。另一方面，对党委、政府各级机构发展茶产业的效果进行督导考核，建立健全奖惩并举机制。成立茶叶后期管理督查小组，小组成员由县农牧特色产业领导小组部分成员、乡（镇）负责人、项目区村“两委”班子成员、管理代表及农牧局工作人员组成，督查小组负责每季度进行一次实地考核，考核两次不达标者，直接取消管理资格，交由企业或其他优秀乡（镇）进行管理，造成重大损失者，追回或扣除误工补贴并追究相关责任。依据考核情况，年终对管理优秀乡、村进行表彰，适当给予奖励。

截至2020年6月，墨脱县共建成高山有机茶园56个，面积达16926.36亩，较2015年底增加了1.26万亩，实现了一人一亩茶的目标。在背崩乡地东村，先前已建有500亩茶园，2020年拟新增茶园319亩，届时该村平均每人拥有2.5亩茶园。2020年底的目标是全县新增茶叶种植9000亩，目前已完成测量7788亩，完成年度目标的86.5%。当前全县茶园可采摘面积5080.36亩，茶园主要种植福鼎大白、铁观音、梅占、4号茶、槠叶齐等7个品种，同时引进并试种茶叶新品种凤凰单枞、黄观音、英红九号、云抗10号、雪芽100、紫鹃、鸿雁12号、黄金茶8个品种。此外，还要新建10座茶叶加工厂，届时能基本满足茶叶加工需要，为打造墨脱红茶、绿茶及藏茶品牌提供坚实保障。

（二）茶产业链带动农民增收致富

产业扶贫的原理，就是在发展产业的过程中，通过政府对市场和产业组织主体进行一系列政策和资金干预，产业组织主体和贫困户之间建立起多方面的利益联结关系，将贫困户融入产业化过程和产业链的各环节当中，以解决贫困农户独立发展产业能力弱的问题，[①] 为其提供稳定的、持续性增收的机会。对于墨脱县农户而言，茶产业发展带来的收益主要包括茶叶种植采摘的劳务收入、后期管理收入及售卖茶青收入。前两项收入是固定的，茶青售卖价格是由政府协商议价，公司统一采购，价格受市场波动影响不大。这样也切实保障了茶农收益，成为保证农民增收的主要项目。在茶叶采摘季节，预计每天采摘茶青2000—3000斤，给种植茶叶的农牧民带来收入6万—10万元。

自2015年采茶以来，共计采摘茶青50.51万斤，加工成品茶10.1万斤（茶青与干茶按1∶5比例计算），农牧民群众实现增收8000万余元（包括劳务收入、后期管理收入及茶青收入）。其中，采摘茶青一项实现群众收入1507.76万元，惠及群众1156户5322人；贫困户243户1056人参与茶青采摘，实现户均增收13042余元。2020年1—6月，组织全县农牧民群众1100余人次（其中建档立卡贫困户600余人次），共计采摘茶青12.83万斤，实现增收393万余元，人均增收3500余元。在销售上，墨脱茶叶采取“公司+基地+农户+实体店（网店）”模式，不断提升“墨脱茶”的品牌效益，努力创造更大的经济价值。2019年以来，墨脱县茶企业加工各类成茶约5万/斤，按市场销售价格700元/斤计算，2019年茶产品销售收入约500万元，历年茶叶终端消费品的销售收入复合增长率约为30%。

茶园成了群众致富的“摇钱树”，也是游客眼中的“风景线”。广东佛山援藏工作组还帮助墨脱县制定了茶旅融合的规划方案，即围绕“茶、旅、果、药、艺”形成并实施了“12333”战略，即一个中国最具特色门珞小城，茶叶和旅游两个主导产业，雅鲁藏布江大峡谷旅游水果、蔬菜和生态景观林带三条特

① 汪三贵、殷浩栋、王瑜：《中国扶贫开发的实践、挑战与政策展望》，《华南师范大学学报》（社会科学版）2017年第4期，第20页。

色经济带，德兴百香果、达木和格当梨三个旅游水果专业乡，墨脱村致富奔小康、亚东村脱贫攻坚、文朗村乡村振兴三个示范村，以打造一条既可欣赏自然风光，又能动手摘茶、制茶的体验式旅游路线。① 这就是茶产业衍生出的附加值，届时将会吸引更多游客，也会产生更大的经济效益。

（二）茶产业脱贫效果显著，经验值得肯定

在发展茶产业等一系列脱贫攻坚举措下，墨脱县脱贫攻坚效果显著，所有贫困户在茶产业的带动下提前 4 个月达到了脱贫标准，农牧民人均可支配收入从 2015 年的 6144 元增长至 2019 年的 9646 元。现在来到墨脱，能够让人眼前一亮的景色，除了蜿蜒的盘山公路、壮丽的雅鲁藏布大峡谷，就是这漫山遍野的茶园茶树。这些茶园茶树不仅成了墨脱一道亮丽的风景线，更成为引领墨脱群众脱贫的"致富路"，墨脱茶叶也成了名副其实的脱贫致富"金叶子"。墨脱县茶产业发展的经验主要有以下三点。

第一，加强组织领导，利用组织资源推进茶产业发展。我国消除贫困的重要经验之一就是党和政府对扶贫工作高度重视下的"政府行政主导"扶贫模式，通过首长负责、压力层层传递和考核问责等机制将领导机制具体化，极大地强化了"政府主导"机制。② 具体到墨脱县的案例，就是当地县委、县政府一直以来高度重视茶产业，把茶产业作为促进全县经济发展的主导产业，形成了主要领导亲自抓、分管领导具体抓、一级抓一级、层层抓落实、齐抓共管的茶产业建设新格局，综合调配全

---

① 《产业援藏：授人以渔铺就致富路》，搜狐网，https：//www.sohu.com/a/340542135_100161806。

② 李小云、陈邦炼、唐丽霞：《精准扶贫：中国扶贫的新实践》，《中共中央党校（国家行政学院）学报》2019 年第 5 期，第 83—84 页。

县各项资源主抓产业发展。为了保障政策落地生根不走样，墨脱县还建立了一整套产业发展的督导考核体系，强化绩效考核，推动基层干部狠抓政策落实，为产业发展提供了组织保障。

第二，搭借援藏平台，积极探索出路。2012 年，在综合调研的基础上，墨脱县决定启动符合本地实际的茶产业工程，并借助援藏工作队的力量，新建了首座试点茶园——拉贡茶园，试种茶叶 90 亩、茶苗 2.7 万株，成活率均达到 90%。2013 年，墨脱县决定将高山有机茶产业作为特色农牧业的主导和亮点大力扶持，援藏工作组积极赴外省调研，挑选引进茶叶类型。之后，工作组与墨脱基层干部一同参与茶叶推广，亲自给群众做宣传工作、亲自向茶农示范茶叶种植。第九批佛山援藏工作组还就三年茶产业增产提质制订了组团式的工作计划，拟实现广东茶叶市场与墨脱茶的无缝对接，继续做大做强茶产业。[①] 此外，在后期整合的用于发展茶产业的涉农资金中，亦有众多广东援藏资金的注入。可以说墨脱县茶产业的蓬勃发展，离不开援藏资源和平台的大力支持。

第三，将产业与市场积极对接，增加产品附加值。在种植规模不断扩大和后期管理日益规范的同时，墨脱县始终瞄准茶产业市场化目标，通过招商引资手段，引进具有广阔市场资源和经营经验丰富的大企业落户墨脱，为墨脱茶叶真正走向市场、完善茶产业链搭建重要平台。此外，在此基础上积极拓展产品价值，诸如推动墨脱茶完成农业部茶叶质量中心有机茶标准认证，并通过了西藏出入境检验检疫局考核组审核，成为西藏首个省级出口食品农产品（茶叶）质量安全示范区；近三年参加了全国多地举办的茶叶国际博览会，斩获多项金奖，成功提升

---

① 《小茶叶大能量脱贫“摇钱树” 佛山援藏让茶叶成为群众脱贫致富“金叶子”》，墨脱县政府网，http：//www.linzhi.gov.cn/mtx/zjmt/201911/102317edcf2a449c995177ffb48fec02.shtml。

了自身附加值，实现了由普通茶市场转向高端茶市场的跨越，切实为广大茶农带来收益。

总体上，墨脱县是一个典型的边疆地区少数民族地区贫困县，其脱贫攻坚过程也是墨脱县党委、县政府带领墨脱人民与贫困不断斗争、攻坚克难的过程。由于自然、社会、历史等多方面原因，墨脱县总体发展水平比较落后，长期处于一种“贫困陷阱”的情境中，单纯依靠自身力量难以完全脱贫。① 自脱贫攻坚战“疫”打响后，墨脱县党委、县政府亲自挂帅，把茶产业作为促进全县社会经济发展的主导产业，形成了主要领导亲自抓、分管领导具体抓、齐抓共管的茶产业建设新格局。同时，借助援藏平台，多方整合资源，一方面重视技术指导，使贫困人口掌握种植技术；另一方面，利用优惠政策鼓励茶园种植，让茶农以低成本或零成本种茶。同时，对外积极对接市场，使得墨脱茶叶真正走向市场，也让茶农在生产链的每个环节获得收益。

墨脱县的产业扶贫经验生动体现了中国共产党“以人民为中心”的发展思想和理念，真正体现了地方党委和政府把增进人民福祉、促进人的全面发展作为发展的出发点和落脚点，也是我国社会主义制度优越性的集中体现。在全面消灭贫困之后，墨脱县也迈向了全面建成小康社会的新时期，未来将会集中聚焦于发展不平衡不充分、解决相对贫困的问题。相信在新时期党中央治藏方略的引领下，在坚持统筹推进“五位一体”总体布局、协调推进“四个全面”战略布局下，墨脱县的基础设施建设、生态保护、民生的保障和改善、特色产业的发展将会迈上新台阶，整个西藏自治区也将迎来更加美好的明天。

① 李小云：《冲破“贫困陷阱”：深度贫困地区的脱贫攻坚》，《人民论坛·学术前沿》2018 年第 14 期，第 10 页。

五　墨脱旅游业发展

改革开放以来，西藏文化旅游产业快速发展，取得了令人瞩目的成绩。作为西藏自治区脱贫攻坚的组成部分，林芝市墨脱县的文化旅游业也因为自身独特的优势而得到发展。

（一）墨脱旅游产业资源极其丰富

墨脱县位于祖国的西南边陲，青藏高原的东南部，从高山寒带到热带雨林，孕育了丰富多彩、千姿百态、气象万千的自然资源，可谓“一山有四季，十里不同天”。

墨脱县自然景观系统由高山、河谷、湖泊、冰川、森林、溪流、瀑布、云雾等共同组成，有许多世界级的优质生态旅游资源，如雅鲁藏布大峡谷、南迦巴瓦雪峰、贡阿嘎布雪山、多卡折瀑佛光洞、甘丹跨江溜索、崖壁洞口瀑布等，都是世界上不可复制的珍贵生态旅游资源，享有“植物王国”“世界第一大峡谷”“世界生物基因库”等诸多美誉。初步调查，墨脱县有33个主要景点。其中，有观赏自然景观的景点8处、大峡谷主题景点17处、观赏热带植物和田园风光的景点5处、徒步观光旅游和以观赏热带雨林为主题的景点3处。

（一）墨脱县自然景观资源

1. 墨脱峡谷和水域风光资源

墨脱县河流密布，湖泊、瀑布广泛分布。世界上海拔最高大河——雅鲁藏布江穿越墨脱县全境，并在南迦巴瓦峰作“马蹄”形大拐弯。雅鲁藏布大峡谷全长504.6千米，极值深度6009米，核心地段平均深度2673米，获得世界纪录协会世界最深大峡谷、世界最长大峡谷两项世界纪录，是地球上最雄奇壮观的大峡谷景观。大峡谷内动植物资源和自然地理资源丰富，有亚热带雨林，有雪山、峡谷、湖泊、瀑布、温泉。墨脱县是瀑布云集之地，有大小瀑布500余处，著名的瀑布有大拐弯瀑布、“老虎嘴”瀑布、汗密瀑布、地东瀑布、背崩瀑布、拉格瀑布等。嘎龙拉神湖由3个天然湖泊呈阶梯状串联在一起，又称“三星珠”神湖，面积达6000平方米。

2. 墨脱雪山景观资源

墨脱县拥有世界顶级的雪山景观。雅鲁藏布大峡谷中最具特色的景观是位于旁辛乡的雅鲁藏布江“马蹄”形大拐弯，以及雅江两岸雄伟壮丽的南迦巴瓦峰（海拔7787米）和加拉白垒峰（海拔7294米）。其中南迦巴瓦峰藏语意为“直刺蓝天的战矛”，为世界第十五高峰，号称“冰山之父”。大拐弯一带雪山、峡谷及雨林景观有机结合，气势恢宏，壮丽景象世界罕见。2005年，在《中国国家地理》“中国最美的地方”评选中，雅鲁藏布大峡谷和南迦巴瓦分别被评为“中国最美十大峡谷”和“中国最美十大名山”之首，有极高的旅游开发价值。

3. 墨脱生物景观资源

墨脱县是西藏最大的林区和原始林区，林地面积248.9万平方米，森林覆盖率达80.10%。多样化的立体气候类型，孕育了热带雨林、亚热带常绿阔叶林、针阔混交林、暗针叶林、高山灌丛草甸等多种森林植被类型及生态系统，是欧亚大陆从热带到极地主要植被类型的缩影，是世界上生物多样性最丰富的地区。有高等植物3000多种，大型真菌与锈菌800多种；有国家重点保护野生植物21种；有哺乳类60余种，鸟类230余种，爬行类26种，两栖类19种，昆虫2000余种，国家重点保护野生动物有孟加拉虎、长尾叶猴、熊猴、猞猁、羚牛、盘羊、蟒、犀鸟、大绯胸鹦鹉等42种，其中孟加拉虎在中国境内是仅有的种群。

（二）墨脱人文景观资源

1. 墨脱民俗文化资源

由于喜马拉雅山的阻隔，墨脱县是西藏最具神秘感的地域之一，被人们形象地称为“高原孤岛”“世外桃源”。特殊的自然和生态环境，形成了墨脱县独特的民俗文化风情，门巴族和珞巴族的建筑、音乐、舞蹈、绘画、服饰、饮食和民俗文化丰富多彩，至今未被外界充分了解。墨脱县通过开办民俗文化节充分展示了当地独特的珞隅民族文化，被外界惊呼为“远古文化的化石”，颇具神秘色彩。

2. 墨脱宗教文化资源

墨脱，在藏传佛教经典中称“博隅白玛岗”，意为“隐藏着的莲花圣地”，在佛教的观念里，莲花是吉祥的象征。在9世纪时莲花生大师发现此圣地，遂在此修行弘法，取名“白玛岗”，成为藏区的“莲花宝地”。当地群众崇信苯教和藏传佛教，视山为神山、视湖为圣湖，对雪山和雪山神满怀敬畏和崇拜，在每年特定的季节，都会举行转山或祭祀活动，来朝拜山神。他们敬信的贡堆颇章神山、布达切波山、白玛协热山和恰贵崩日神山四大神山已闻名于整个藏区。墨脱县寺院较多，现已有寺院及经堂40余座，其中较为著名的寺院有：仁钦崩寺、罗邦寺、德尔贡寺、格林寺、巴尔贡寺、马尔崩寺等。仁钦崩寺是墨脱最大的寺院，相传是由活佛甘布所建，是多吉帕姆女神化身中心——“肚脐”的所在地，也是莲花宝座圣地的中心地，更是佛教信徒们的向往之地。

3. 墨脱桥梁景观资源

墨脱县有众多的河流，加之独特的地理和民族环境，造就了当地独特的桥梁景观。在钢索吊桥、藤网桥、溜索、独木桥等多种类型的桥梁中，藤网桥和溜索是大峡谷地区最具地方特色的桥梁景观。藤网桥有著名的背崩藤网桥和德兴藤网桥，整座桥没有桥墩，不用一颗铁钉，都是用特别的白藤条编制成网筒状的。溜索，仅用一根钢筋或藤索横过江面，悬挂在江心形成弯弯的弧形，人被绑在钢筋或藤索上，靠着惯性高速滑向江对面，异常惊险。

（三）墨脱气候与环境资源

墨脱县气候属喜马拉雅山东侧亚热带湿润气候区，受印度洋暖湿气流的影响，四季如春，雨量充沛，年降水量在2358毫米以上，年均气温16℃，无霜期在340天以上，与我国华南沿海的气候比较相似。同时，巨大的海拔高差，使墨脱县拥有中国最完整的山地垂直气候带谱，同时具有热带、亚热带、高山温带、高山寒带等立体气候。夏、秋季节呈现出“一山有四季，十里不同天”的景象；冬季，高山上冰天雪地，河谷地带仍是温暖如春，鲜花争艳。墨脱县无工业污染，大气环境质量、地表水质量均达国家一级标准。森林植被茂盛，空气中富含有益人体健康的空气负离子，是天然的大氧吧，是西藏首选的避寒胜地和生态旅游目的地。

（二）墨脱旅游产业多元化发展势头喜人

（一）历年游客及旅游收入总体增加

墨脱公路（墨脱至波密）于2013年10月31日正式全线通车。墨脱公路（又称扎墨公路）起于波密县扎木镇，终于墨脱县莲花广场，先后跨越波斗藏布江、金珠藏布江、西莫河等6条江河，全长117.278千米。随着墨脱公路的开通，墨脱的旅游业迎来发展大机遇，全县各个旅游基础设施逐步完善，2015

年至2018年前往墨脱旅游的游客呈现逐年增长的趋势。

其中，需要特别说明的是，2019年在扎墨公路多次封闭性施工情况下，游客人数和旅游收入下降。2020年受新冠肺炎疫情影响，截至2020年9月9日，前来墨脱县旅游的游客总数为43195人次，其中探亲、公务、务工人员、本地25751人次，与2019年同比下降31%，实现旅游收入1436.046万元，其中农牧民收入269.496万元（见表5-1）。

表5-1

	2015年	2016年	2017年	2018年	2019年	2020年1—9月
游客人数（人次）	70798	75912	111424	227504	109801	43195
旅游收入（万元）	4639.15	7405.87	8312.24	16666.38	4954.479	1436.046

（二）墨脱旅游产业发展布局良好，取得可喜进展

1. 旅游文化设施初具规模

截至2020年6月，墨脱县文旅项目总投资11451.25万元，累计完成投资7800余万元，带动农牧民就业1860余人次，带动农牧民增收1116余万元。截至2020年9月，已建成52K游客服务中心、[1]拉贡景区、德兴景区、莲花湖公园、德兴民俗村、果果塘蛇形大拐弯观景栈道、扎墨公路沿线观景台和停车场、墨脱县文化活动中心、除甘登乡外六个乡镇文化站、莲花阁等旅游文化基础设施。

2011年以来，已完成德兴民俗村工程（总投资1876.34万元）、拉贡景区工程（总投资1224.31万元）等8个项目，在建项目3个，分别为墨脱景区建设（总投资1000万元）、墨脱县

① 52K是墨脱旧公路的桩号，具体位置在出了隧道后第一个检查站，现已用作地名。

仁钦崩景区建设（总投资1000万元）和墨脱县清江景区建设（总投资1000万元），2020年内计划开工项目2个，分别为墨脱县民间艺术团排练场所（总投资590.03万元）和雅鲁藏布大峡谷景区建设（总投资1000万元）。

2. 大力发展乡村旅游，助力全县脱贫攻坚

为进一步加快墨脱县乡村旅游发展，2018年墨脱县政府出台了以无息贷款扶持农牧民兴办农家乐和家庭旅馆的政策，按照“上规模、提档次、定标准、强规范”原则，积极鼓励和扶持农牧民群众开办家庭旅馆，截至2020年9月，墨脱县家庭旅馆总数达37家，从业人员89人，其中星级农牧民家庭旅馆5家。2020年1—8月，墨脱县各家庭旅馆接待游客5016人次，总收入为55.6235万元。宾馆饭店总数达22家，拥有客房数677间，床位1203张，年接待能力达到43万余人次。农家乐和家庭旅馆的开设，使得农牧民人不离家就可以亲自参与旅游经济，有利于发挥农牧民的积极性。游客入住家庭旅馆，可以深入体验当地藏民真实的、原汁原味的生活习俗，印象深刻，流连忘返。实践证明，县政府的扶持政策深受当地农牧民欢迎，而且初见成效，对于发展乡村旅游、助力脱贫攻坚发挥了积极的推动作用。

3. 招商引资，加强合作

加强同喜路旅游控股有限公司合作，签订了《墨脱全县旅游景区运营管理合作协议书》，成立了合资管理公司即墨脱喜路莲花旅游发展有限公司，自2020年5月1日起墨脱县景区对外售票，截至2020年9月，销售门票4679张，门票收入84.199万元；加强同西藏国际旅游文化投资集团有限公司合作，签订了《战略合作协议》，合作开发墨脱县拉贡景区；加强同常青国际养老产业集团股份有限公司合作，签订了《意向性投资协议书》，为引进资金开发康养旅游项目拉开了序幕。

4. **推进公共文化服务体系建设**

墨脱县已完成44个村文艺演出队的组建工作，通过开展非遗项目的保护利用，推进墨脱服饰、墨脱竹编的研发、推介。墨脱当地开设独有的体验式墨脱服饰店铺，供前来游览的游客进店试穿民族服饰，并提供专业的摄影拍摄。游客有机会亲身体验墨脱服饰的精美，摄影作品方便留存并便于传播，通过游客更方便快捷的用于网络分享，把墨脱独特的美传播出去。竹编产品是墨脱当地非常有特色的旅游产品，游客喜闻乐见，非常乐意购买。这些举措都为墨脱旅游业的发展提供了独具特色的文化底蕴。

5. **大力开展特色旅游**

（1）加大旅游宣传力度。充分利用网站微信、微博、抖音以及旅游公众平台等媒体平台宣传，大力推广墨脱旅游知名度，致力于打造“莲花圣地、秘境墨脱”“世界屋脊的低谷，青藏高原的氧吧”品牌形象，提升墨脱旅游知名度。

（2）开展“旅游+”特色旅游。墨脱旅游业正在进入“旅游+”新时代。“旅游+”，是指充分发挥旅游业的拉动力、整合力和提升力，为相关行业和领域发展提供旅游平台、插上旅游翅膀，催生新业态，提升相关行业和领域的发展水平与综合价值。在此过程中，旅游业自身也将极大拓展发展空间，实现提质增效升级。墨脱县“旅游+”特色旅游包括以下几个方面。一是开展“旅游+农家乐”。截至2020年9月，墨脱县共有37家家庭旅馆（农家乐），从业人员89人，让广大游客体验农家生活，吃在农家，住在农家，游在农家。二是开展“旅游+企业”。以精品旅游为中心，打造旅游及养生、养老、休闲为一体的特色旅游，墨脱县与喜路、常青国际、西藏旅投三家公司进行合作，实现旅游产业进一步发展。三是开展“旅游+农牧业”。其中包括“旅游+茶叶”和“旅游+农副产品”。墨脱县德兴乡果果塘蛇形大拐弯茶叶种植面积500亩，拉贡景区茶叶基地面积90亩，为游客提供娱乐观光、采茶体验等沉浸体验式游乐项目。另外，在扎墨公路沿线各大景区（点）周边设立农副产品销售点，鼓励当地农牧民销售当地特色农副产品、土特产、特色手工艺品，带动农牧民群众增收。

（3）大力开展“文化＋旅游”。首先是开展设立“旅游＋门珞文化博物馆”项目。例如，莲花阁（门珞文化博物馆）传承了门珞文化特色，广大游客通过观赏游览莲花阁，可以详细了解墨脱的发展历史、地理位置、特色产品、旅游资源等。其次是“旅游＋非遗特色商品”项目。非遗产品丰富旅游特色商品，门巴传统服饰、石锅、竹编制品等非遗产品，让游客通过各自喜好购买旅游产品，提高提升购物愉悦度。墨脱县成立门巴传统服饰店，充分挖掘门珞文化特色，吸引更多的游客到来，店内推出游客根据自身喜好试穿民族服装，拍摄服装摄影，并可以穿着民族服饰步入茶园亲自体验采茶，充分体验门珞特色文化及农家生活，带动民族服饰点增收，服饰租赁和农家乐互相促进创收。再次是精心设计“旅游＋传统节日”。以传统节日提高墨脱旅游知名度，墨脱村达羌文化旅游节、亚东村翠丘典白玛林卡等节庆活动，墨脱县民间艺术团每年定期举办各类文艺演出，大力发扬门珞文化内涵，同时，墨脱县艺术团结合本民族特色创作文艺作品，如防疫小品、祖国真伟大（门巴语）、基层党员之歌（门巴语）等。鼓励农牧民群众广泛参与到节日活动当中来，主动融入旅游业发展中来。同时，也吸引游客亲身参与融入节庆活动，亲身体验门珞民风民俗。

6. 维护市场秩序，营造良好旅游环境

为营造良好的旅游环境，墨脱县文化旅游局结合文旅工作实际，加大了文旅市场综合整治、项目安全检查、环境卫生治理等工作力度。截至2020年9月，开展安全检查25次，联合检查14次，其中专项检查9次，共出动113人次，检查各类企业184家次。开展多次环保检查及清扫工作，共出动129人次，出动车次18次，清运各类垃圾309袋。墨脱县文旅局脚踏实地、切实有效开展的各项综合整治、项目安全检查、环境卫生治理等工作，有效地改善了旅游景区的安全、卫生和人文环境。

（三）墨脱县旅游产业发展的经验和启示

墨脱县的旅游业虽然仍处于发展期，但已经初具规模，成长势头良好，无论从发展理念，还是现实成效看，都已经形成了自己的鲜明特色，并积累了宝贵经验，具有一定的启示和借鉴意义。

（一）突出特色资源，凸显稀缺价值

墨脱作为西藏最具神秘感的地域之一，稀缺的自然和生态环境，独特的民俗文化风情都成了发展旅游业的“先天优势”，墨脱也借助这些优势资源，精心布局“特色旅游”。比如：墨脱县拥有许多世界级的生态旅游资源，因此就特别围绕自然景观、大峡谷、热带植物等主题设置景点33个，涵盖自然旅游资源27个基本类型，人文旅游资源12个基本类型，形成了特色鲜明的景点布局。

另外，墨脱旅游在宣传营销方面，也更突出自己的资源优势，充分利用网站微信、微博、抖音以及旅游公众平台等媒体平台，倾力打造“莲花圣地、秘境墨脱”等品牌形象，提升墨脱旅游的知名度，取得了很好的效果。

（二）用加法做广度，用文化做深度

“靠山吃山、靠水吃水”只是旅游的初始阶段，墨脱县已经跨越了这个阶段，通过创新，促使旅游业产生更大的溢出效应。包括“旅游+农家乐”、“旅游+企业”（养生休闲）、“旅游+农牧业”和“旅游+农副产品”等，充分发挥旅游业的拉动力、

整合力，提升相关行业和领域的发展水平和延伸价值。

墨脱旅游的“加法”更多是解决广度的问题，深度的问题还需要通过“文化”这个切入点来加强。因此，墨脱不遗余力地挖掘自己的民俗和宗教文化资源（如突出神秘的门珞巴文化等），从“以文促旅，以旅彰文”的思路出发，精心设计本土的历史文化、宗教文化、古建筑文化、传统习俗以及节庆活动，并通过景区体验、文艺活动等方式，加深文化内涵，提升旅游品质，这些都为墨脱旅游增添了瑰丽的光彩。

（三）注重招商引资，升级旅游业态

墨脱县为解决资金难题，推进市场化和产业化，采用更加灵活多样的合作方式，积极引进外资和民间资本参与旅游项目建设。比如，分别同喜路旅游控股公司、西藏国际旅游文化投资集团、常青国际养老产业集团等企业签署合作协议，共同规划开发旅游资源，借势借力，合作共赢，为墨脱旅游的产业化发展带来了新引擎。同时，墨脱还在积极培育扶持本土饭店、景区、旅行社、餐饮等旅游企业，形成更加多元的旅游产业主体。

此外，墨脱旅游业也在致力于产业化、市场化方面的探索，并通过扬长避短和取长补短的方式，加强产品、业态和市场的融合，实现协同发展。比如，墨脱正在推动文化和旅游两个领域的产业项目同步规划、同步建设，致力于打造有影响力的文化旅游企业和品牌，这种发展“大文化旅游产业”的思路和举措，都是非常具有前瞻性的。

（四）注重发展硬件，提升服务品质

旅游是个综合性产业，“硬件”和“软件”都不可或缺。在硬件方面：交通的重要性无可替代。墨脱公路对旅游业的带动价值是突破性的，从历年来的游客数据增长，就可以印证这一

点。比如墨脱公路开通之后，游客数量和旅游收入逐年快速增长，而2019年扎墨公路多次封闭施工，又导致游客数量下降。此外，为了更加完善旅游交通网络，墨脱还重点推进实施乡村旅游集聚区、乡村旅游休闲度假区旅游道路通达工程，以及旅游道路标准化示范工程等，这些都为旅游发展创造了良好的硬件环境。

“行”的问题解决后，紧接着就是“住”了。针对游客接待能力不足的短板，墨脱积极引入更多的酒店，并大力发展民宿计划，推动乡村旅游规模化发展，不仅提升了旅游承载力和覆盖度，同时还能带动当地农牧民增加收入，确实是一举多得的举措。

另外，只有“行”和“住”的硬件条件还远远不够，游客的满意度更取决于“贴心的服务”，而服务水平的提升关键在“人”。墨脱正是看到了这一点，才会不遗余力地提升旅游从业人员的综合素质，包括推进旅游人才培养计划、发动人才招募、引导高校毕业生投身旅游业等方式，多策并举加强旅游人才队伍建设，不断提升服务水平，让游客乘兴而来，满意而归，甚至流连忘返。

（五）兼顾生态保护，推进精准扶贫

旅游不是一个孤立的产业形态，也没有“放之四海而皆准”的统一模式。一些地方为盲目追求规模效益，违反规律、破坏环境，甚至只重政绩、不顾富民的教训的情况并不鲜见。对此，墨脱县有非常清晰的认知，在大力发展旅游业过程中，始终坚持生态建设的底线，并一直在走“因地制宜，精准施策”的发展道路。墨脱的“旅游+”不仅在拓展产业宽度，还在推动精准扶贫、创新创业等方面发挥着重要作用。

首先，在生态建设方面，墨脱始终在特色和文化方面下功夫，在发展旅游的同时，并没有被短期利益裹挟，而是始终谨记“绿水青山就是金山银山”的方向指引，把更多的探索和努力，投入“如何把生态效益转化为经济效益和社会效益”的问题上来，积极探索如何走出一条生态和旅游融合共赢的可持续发展之路。

其次，墨脱根据自身的客观条件和农牧民的切实需要，大力发展乡村旅游。事实证明：乡村旅游是旅游扶贫的有效抓手，不仅有利于打破贫困地区的封闭状态，也有利于实现物质和精神“双脱贫”的目标。在推进旅游扶贫方面，墨脱有资源、有条件，农牧民也有积极性。为此，墨脱政府推出无息贷款，雪中送炭，帮助农牧民解决实际困难，鼓励农牧民开办家庭旅馆、饭店，纳入乡村旅游的重要组成部分。此外，随着墨脱乡村旅游的快速发展，吸引和鼓励大学生和农民工返乡，使他们都有机会通过参与旅游经营，努力实现创业致富。这些服水土、接地气的政策措施，不仅老百姓欢迎，而且立竿见影，有力推动了当地的乡村旅游发展。

（六）清醒认识短板，打造融合发展的现代旅游业

墨脱县旅游业已形成良好的格局和综合发展的势头，但仍然面临不足和存在问题，需要在未来的发展中逐步加以解决。墨脱县委、县政府及旅游部门参照国家旅游扶贫相关文件及《西藏旅游发展规划》等文件精神，主动查找墨脱旅游业存在的不足与短板，具体包括：旅游基础设施薄弱，旅游公共服务功能设施不完善；游客接待能力不足；资金投入和扶持不足；旅游从业人员综合素质不高。

结合现有墨脱旅游业发展的基础，可对上述四个方面的不足与短板进行分析，从而找到进一步推动墨脱旅游业持续发展的方向。

首先，旅游基础设施薄弱主要表现在景区沿线旅游标识标牌体系不健全，游客集散中心、休息场所等旅游公共服务功能

设施不完善。下一步需要继续加大对旅游基础设施及旅游公共服务功能设施的资金投入，申报更多旅游公共服务功能设施项目，最大限度方便游客，真正让游客进得来、慢慢游、玩得好。具体措施包括以下几个方面。一是重点完善旅游交通布局，尤其在交通设施较为薄弱的乡村地区，重点推进实施乡村旅游集聚区、乡村旅游休闲度假区旅游道路通达工程，提高乡村旅游重点村道路建设等级。实施“旅游+道路养护+精准扶贫”，解决乡村旅游公路养护等问题；鼓励开通由县城直达旅游目的地的旅游专线，推进在乡村旅游区优先建设标准化的自驾车房车营地。二是推进实施旅游标准化示范工程，重点建设乡村旅游道路、标识标牌、游客咨询服务等设施。三是完善旅游厕所停车场及游客服务等公共设施。按照“数量充足、干净无味、使用免费、管理有效”的要求，持续推进“厕所革命”，结合高寒缺氧的区情实际，实施厕所技术革新行动。倡导以商建厕、以商管厕、以商养厕，探索厕所网络化监管模式。

其次，从游客接待能力不足的问题看，目前墨脱有宾馆22家，房间648间，床位1102张，家庭旅馆30家，房间116间，237张床位，共计宾馆客房数量764间，床位1339张，但每逢节假日进入墨脱的游客数量远远超于目前所能承载的数量。可以通过两种途径来解决游客接待承载力不足的问题：一是继续招商引资，吸引更多的酒店进入墨脱，提高墨脱旅游承载力；二是大力发展民宿计划，将县城周边的亚东村和墨脱村发展为民宿村，推动乡村旅游规模化、品牌化发展，开展乡村旅游示范点规模化创建；积极引导乡村地区旅游资源丰富或特色产业集聚程度高的乡镇积极创建旅游风情小镇；积极引进文创人才和社会资本打造个性化、特色化乡村民宿、精品度假农庄，发展高附加值乡村旅游。此举在加强墨脱游客接待能力的同时，还能加大游客对门珞巴文化的体验感，带动当地农牧民增加收入。

再次，为了解决资金投入不足的问题，可以将符合条件的旅游企业和项目纳入自治区专项资金的扶持范围，进一步加大各类资金投入力度，积极支持旅游产业发展。同时，积极培育扶持一批具有竞争力的本土饭店、景区、旅行社、餐饮等旅游企业；主动拓展投融资渠道，积极引进外资和民间资本参与旅游项目建设，培育多元化的旅游市场主体。

最后，多举措提高旅游从业人员综合素质。墨脱旅游从业人员大多从农牧民中招募，没有经过专业培训，导致服务水平较低，从业人员素质普遍不高。可以通过搭建旅游人才平台，推动旅游企业人才培养工程，制订高校毕业生旅游就业支持计划，鼓励和引导本地培养的高校毕业生投身旅游发展，重点培育本土旅游人才，强化从业人员权益保障，确保旅游从业人员队伍稳定，并以乡村旅游干部、带头人、乡村旅游能工巧匠传承人为重点，培育大批服务墨脱经济社会发展的乡村旅游实用人才队伍。同时，实施高端人才培养与引进计划，加强旅游人才队伍建设，并鼓励旅游企事业单位与高校及科研院所建立长期合作机制，促进旅游科研成果的有效转化。

随着墨脱旅游业的加速发展，正是鼓励农民工返乡、充分参与家乡旅游经营、实现创业致富的绝佳契机。动员和吸引更多的大学毕业生和文化、艺术、科技等专业人员落户墨脱，将自身的专业优势与墨脱的资源优势、旅游市场优势结合起来，形成乡村旅游创客基地。

（七）旅游产业融合发展是墨脱旅游业发展带来的重要启示

从可持续发展的角度看，旅游业发展不应该是某一个个体产业的单独发展，而应该是多产业协调、互为支撑、相互促进的融合发展过程。墨脱旅游业的发展已然体现了融合发展的思路和格局，今后如能深化融合发展，必然实现质的提升。

一是促进旅游与生态融合。习近平总书记在不同场合反复强调，要牢固树立“绿水青山就是金山银山”的理念。随着疫情防控常态化下的乡村旅游逐渐恢复，要适应旅游市场新变化，积蓄新动能，把生态效益转化为经济效益、社会效益，走出一条生态美、产业兴、百姓富的可持续发展之路。墨脱旅游也应以自然生态和民族文化资源富集地为基础，打造“高原和民族特色的旅游目的地”。首先是应树立生态旅游资源的保护意识，保持墨脱旅游的原生态性、独特性和民族性的特色，在做到合理开发利用的基础之上，全面宏观把握墨脱旅游的发展方向，与相关部门沟通、协调，制定出有利于墨脱生态旅游业的发展战略。保持墨脱经济的发展应该做到追求经济效益、关注生态平衡与促进社会和谐发展的有机结合，使得墨脱这朵“隐秘的莲花”华丽绽放。

二是促进墨脱旅游与文化融合。墨脱目前的旅游线路和旅游景点开发重点仍然为自然景观，游客参观时往往走马观花，导致游客体验的满意度不高，对旅游效益及农牧民增收带动成效较低。今后可以加大文旅综合融合工作，按照“宜融则融，能融尽融”的思路，做到“以文促旅，以旅彰文”，积极推进“旅游体验+藏民俗文化传承”，支持建造、维修民族文物古迹，征集、收藏、展览、研究民族文物及民族传统文化，精心设计墨脱独有的历史文化、宗教文化、古建筑文化、传统习俗以及节庆活动，挖掘民族文化旅游体验产品内涵，积极推进特色民族文化休闲区建设，坚持合理的开发与有效利用相结合，让广大游客深刻体会到墨脱文化的独到之处与墨脱人民的热情好客。

可充分利用墨脱独特的门珞巴文化，为现有旅游资源和旅游产品植入文化基因，比如在风景区，引入历史文化和民俗文化的文艺表演和体验式、参与式、互动式的文化活动，提升游客参与度，提升旅游品质。充分发挥“互联网+”的作用，充分利用直播、云旅游、网红打卡等互联网手段，提升墨脱旅游的知名度，让更多的游客有机会了解墨脱、向往墨脱、走进墨脱。

按照“抓大文旅促品质化”要求，可加快推动文化旅游高水平融合、高质量发展，注重以文化塑旅游、以旅游彰显文化，开发文创产品，吸引体验式、沉浸式的深入消费，努力形成“1+1>2”的倍增效应，让墨脱成为“近者悦、远者来”文化旅游目的地。

三是促进墨脱旅游与市场融合。自墨脱公路全线开通之后，墨脱旅游发展在产业化、市场化方面取得了突破性进展。文化和旅游在融合过程中，要通过扬长避短和取长补短的方式，加强产品、业态和市场的融合，实现协同发展。通过借鉴旅游业成熟的产业思维和市场观念，全面提升文化旅游产业创新能力和核心竞争力。

针对广大游客个性化、多样化的文化消费发展趋势，通过打造墨脱独有的门珞文化精品演艺项目，做好门珞民族工艺品与旅游纪念品的研发、设计、生产和营销融合等举措，推动演艺、娱乐、艺术品等文化产业旅游化发展，培育充满活力的文化消费市场，形成新的文化消费增长空间。逐步探索文化和旅游两个领域的产业项目同步规划、同步申报、同步立项、同步建设，实施文化和旅游两个市场的共同培育和统一管理，打造一批有影响力的文化旅游企业和文化旅游品牌，促成墨脱“大文化旅游产业”的形成。

四是促进墨脱旅游与扶贫融合。旅游扶贫是扶贫开发的主渠道之一。墨脱旅游资源丰富，旅游扶贫有利于打破封闭状态，有利于更新观念、提高人口素质、促进实现物质和精神双脱贫，并持续巩固扶贫成果。

首先，可整合墨脱现有的旅游资源，开展乡村旅游精准扶贫，相关部门协同合作，确定旅游扶贫的重点区域和实施计划。组织开展旅游规划公益扶贫行动，鼓励规划设计单位与墨脱建立长效帮扶机制，组织专家团队开展旅游项目规划，在经费上予以扶持，支持重点乡村旅游项目的实施。

其次，加大对乡村旅游扶贫重点村的专业培训、宣传推广力度，充分发挥领导干部包乡、包村、“四对一”结对帮扶等工作机制。构建覆盖县、乡、村三级党的政策宣传队。实施“乡村旅游扶贫培训工程”，培养一批旅游致富带头人。充分发挥乡村集体经济组织和农牧民在乡村旅游发展中的主导作用，探索建立乡村旅游合作模式，成立由农牧民参与的旅游经营实体，推动农副土特产品通过旅游渠道销售，整体带动农牧民增收致富，因地制宜发展精准扶贫产业，增强脱贫攻坚造血功能，推动形成村有产业、乡连成片、片成规模、收益明显的扶贫产业格局。

最后，墨脱县旅游业经过多年的发展，一直在探索自己的发展模式，也一直在努力推动旅游与生态、文化、市场、扶贫等方面的协同发展、融合发展和持续发展。相信这些探索和实践，一定会为墨脱的经济发展和社会进步带来新的动力、新的希望。

2020 年下半年以来，新冠肺炎疫情防控已转入常态化，墨脱旅游需要化危为机，适应旅游市场新变化，积蓄新动能，走出一条生态美、产业兴、百姓富的可持续发展之路，让绿水青山真正成为金山银山，探索出建设生态文明和发展经济相得益彰的新型旅游产业发展模式。

六　墨脱县教育扶贫与智力扶贫

中国一向重视教育扶贫和智力扶贫。中国有句妇孺皆知的名言：知识改变命运。改革开放 40 多年来，越来越多的中国人通过教育、通过知识改变了命运。习近平总书记多次强调："扶贫必扶智。让贫困地区的孩子们接受良好教育，是扶贫开发的重要任务，也是阻断贫困代际传递的重要途径。"2016 年国务院公布的《"十三五"脱贫攻坚规划》指出："以提高贫困人口基本文化素质和贫困家庭劳动力技能为抓手，瞄准教育最薄弱领域，阻断贫困的代际传递。"《规划》提出的目标是：到 2020 年，贫困地区基础教育能力明显增强，职业教育体系更加完善，高等教育服务能力明显提升，教育总体质量显著提高，基本公共教育服务水平接近全国平均水平。

尽管墨脱县有自己的发展优势，但地理位置偏僻、自然条件相对恶劣所导致的社会经济发展缓慢等也制约了墨脱县教育的发展。历史上，墨脱县教育主要存在于寺院中，主要传授藏族文化与佛教经典。除此之外，其他教育基本上是一片空白。1949 年中华人民共和国成立后，墨脱县教育面临基础设施落后、教育人才严重匮乏的局面。在中国各级政府及当地人民努力下，墨脱县现代教育事业开始逐步走上发展轨道。1967 年墨脱县第一所小学地东乡小学成立，1973 年第一所公立小学成立；1999 年，墨脱成立了第一所中学戴帽中学初中班。为了让教育成为脱贫的重要抓手，一方面，墨脱县一直致力于改善基础教育，提升教育质量，保障教育机会公平；另一方面，通过大力开展职业技能教育，将智力扶贫与产业扶贫相结合，通过转移就业实现贫困人群增收脱贫。自2013年以来，墨脱县教育与智力扶贫取得长足进展，在改善教育基础设施、提升教育质量、保障教育公平以及提升职业技能教育等多方面取得可喜成果。

（一）改善基础教育的薄弱状况

受偏僻的地理位置和社会经济发展缓慢等因素影响，墨脱县的基础教育发展相对滞后，主要表现在教育基础设施薄弱、教师水平参差不齐和教育质量相对落后。因此，改善薄弱的基础教育成为墨脱提升基础教育的重要方向。

（一）加大教育投入，提升教育基础设施水平

改革开放以来，特别是党的十八大以来，在党中央和各级党委、政府的重视和大力支持下，墨脱县基础教育取得了长足进步。1991年全县小学建房面积2130平方米，在校学生696人，适龄儿童入学率为34.8%；同年8月，达木珞巴民族乡公立小学成立，结束了珞巴民族长期没有学校的局面，改变了珞巴族儿童入学难的问题。虽然墨脱基础教育取得长足发展，但整体教育基础设施水平发展仍然相对滞后。2013年以前，全县所有学校没有一个标准化操场，没有一套现代化教学设备，连最基本的教学用电和生活用水都不能得到有效保障，大部分学校教室、学生宿舍、教职工宿舍以及食堂等建筑属于土木结构，办学条件极度恶劣。

2013年扎墨公路（西藏自治区波密县扎木镇至墨脱县县城）粗通后，在中央和自治区各级党委和政府的关注和大力支持下，墨脱县抓住机遇，积极争取项目建设资金，不断完善教育基础设施。2017、2018、2019三年间各级财政教育经费投入

分别为 11201.57 万元、12353.47 万、10487.96 万元。其中各年中央和省级财政投入分别为 10231.57 万元、11357.27 万元、9881.59 万元；本级财政投入 970 万元、999.2 万元、606 万元；2017—2019 年三年预算内教育经费合计分别为 34490.91 万元、35228.19 万元、36687.15 万元；2017—2019 年三年生均预算内公用经费为学前 700 元、小学 700 元、初中 900 元（三年标准相同）。

墨脱县建成了集教学楼、学生宿舍、学生食堂、学生澡堂、教职工周转房等为一体的较为完备的教学设施，教师和学生的学习生活环境得到全面改善。截至 2019 年底，全县中小学占地总面积 251550.34 平方米，校舍占地总面积 42329.02 平方米，课桌椅配备率达 100%。7 所学校建立了校园网。仪器设备总值 584.84 万元，生均 614.91 元。8 所学校自然实验室仪器达到规定标准。“班班通”覆盖率 100%，每百名学生拥有计算机 14.89 台。图书 37855 册，生均 24.3 册。体育活动场地总面积 8324 平方米，生均 10.49 平方米。生均宿舍面积 6.59 平方米，生均食堂面积 2.15 平方米，学校设施设备以及各类教育资源基本满足教学需求，教育基础设施得到极大改善。在各级财政的大力投入下，墨脱县教师职工的待遇也得到了很大的改善。

截至 2019 年年底，墨脱县共有中小学 9 所，幼儿园 25 所，较 2015 年增加了 21 所，在校学生 2407 人；学前毛入园率 84.81%，小学适龄儿童净入学率 100%，初中阶段适龄少年毛入学率 101.32%，义务教育阶段巩固率达到 100%，藏汉双语教学实现 100% 覆盖。全县青壮年非文盲率达 99%，平均受教育水平达到初中文化程度。

（二）强化师资力量，提升教育质量

一支优秀的教师队伍有助于提升教育质量。由于待遇偏低、社会地位较低以及乡镇条件较差，墨脱县教师队伍一直不稳定，

人才流失问题严重，特别是乡村教师。长期以来，教师队伍不稳定制约了墨脱县基础教育质量和教学水平的提升。为了提高教育水平，墨脱县采取多种措施改善教育质量，采取的措施包括：加大教育投入，提升教师的待遇和社会地位，稳定教师队伍；通过强化师资力量来提升教育质量；制定教学质量评价体系来评估教育质量。

严格保障教师福利，稳定师资队伍。对于教师，按照每人每月 300 元标准发放教师伙食补助，2019 年累计发放 40.32 万元；严格落实乡村教师生活补助政策，按照“三类区乡（镇）教师生活补助每人每月 1000 元”的标准，按月将补助资金与工资一同发放至教师个人账户中。2019 年累计发放乡村教师生活补助 171.42 万元。2017 年、2018 年、2019 年三年间教师年均收入分别为 130848.05 元、132703.92 元、147807.77 元。

通过分配、支教、人才引进、交流轮岗等方式强化师资队伍，并采取向薄弱学校、薄弱学科倾斜的方式，努力为各学校配齐配强教师队伍。墨脱通过培训、交流轮岗等举措作为提升教师业务水平和能力的重要途径，按照“五年一周期 360 学时”的培训要求，在校本培训的基础之上积极选派老师参加县外各级各类培训，努力提升教育专业素养和业务水平。2019 年，全县老师参加各级各类培训累计 783 人次，交流轮岗 22 人；制定《墨脱县教育系统教职工师德师风考核方案》，定期开展师德师风考核工作，并将考核结果作为教师评优、职称晋升的重要依据。坚决贯彻教师与学校评价“师德师风一票否决”制度，着力提升教师素养。

为了稳定教师队伍，墨脱县制定并执行《墨脱县教师队伍管理暂行办法》，规定年度调动人数不得超过教师总人数的 3%，教师队伍的稳定性有所提升。目前，墨脱县在编教师 285 人，师生比例 12%。其中本科及以上学历教师 155 人，专科毕业教师 127 人，中专毕业以下 3 人；副高级职称以上教师 7 人，中级教师64人，初级教师128人，未评教师86人；30岁及以下教师154人，31—40岁教师105人，41—50岁教师26人；藏族教师98人，汉族教师82人，门巴族教师87人，珞巴族教师3人，其他民族教师15人；男教师112人，女教师173人。持有教师资格证250人，持证上岗率为87.7%。

除了强化师资力量，墨脱县加大现代教育技术应用力度，实施县内网络直播“连片”教研活动。深入推进墨脱县中学“236”小组合作教学模式、同课异构、校本培训、教学大练兵、送教下乡、教学大赛等教研教改活动，不断学习教学新理念、新方法、新手段。积极组织申报自治区课题研究项目，并成功立项3个。

墨脱县教育局分别制定中学生及小学生“体质素质报告册”，定期组织开展期中、期末考试，科学评价学生考试成绩，严格落实学科评比和质量分析，及时总结经验，改进不足，努力提升教育教学质量。2019年，墨脱共有14人考取内地西藏初中班，5人考取内地西藏高中班，中考录取率为100%。定期进行学生体质监测，合格率超过85%。

（二）严格落实各项惠民政策，保障教育公平

对于贫困儿童，因家庭贫穷而放弃受教育机会的人群不在少数。为此，西藏自治区政府出台了多项贫困立卡学生资助政策，保障贫困家庭接受教育机会。

（一）15年免费教育政策

学前至高中（含中职）教育阶段实施15年免费教育政策。其中，学前教育阶段对农牧区学前教育免收保教费、交通费、杂费，年生均免费教育补助标准为380元，对城镇学前教育公办学校免费教育和民办学校定额补助政策标准为年生均3600

元；义务教育阶段在校生免收学杂费、免费提供教科书、免费配发学生字典，年生均标准为小学260元、初中380元；高中教育（含中职）阶段免学费、住宿费、杂费、教科书费，年生均标准为重点高中1840元、非重点高中1240元、中职学校3300元。

（二）教育“三包”政策

学前至高中（含中职）教育阶段实施农牧民子女“三包”政策和城镇困难家庭子女助学金制度。年生均标准为：学前教育阶段二类区3120元、三类区3220元、四类区及边境县3320元；义务教育阶段二类区3620元、三类区3720元、四类区及边境县3820元；高中（含中职）教育阶段二类区4120元、三类区4220元、四类区及边境县4320元。学前至高中阶段特殊教育和随班就读学生年生均标准为6000元。

（三）营养改善计划

农牧区义务教育学生实施营养改善计划。国家实施农牧区义务教育学生营养改善计划试点的基础上，从2014年开始，自治区将县级以上义务教育农牧民学生纳入营养改善计划地方试点，国家、自治区年生均标准为800元。

（四）建档立卡家庭子女高等教育补助政策

高等教育阶段实施建档立卡大学生“三免一补”教育补助政策。西藏自治区出台了《西藏自治区建档立卡贫困家庭子女接受高等教育实施免费教育补助政策管理办法》，对自治区户籍计划内录入的、在区内外全日制普通本专科（含高职）高等学校（含民办院校）就读的建档立卡贫困家庭子女和农村低保家庭子女在校本专科、研究生实施免费教育政策，免除其在校就读期间的学费、住宿费、书本费，并补助生活费，资金由自治区、地市、县三级共同承担。

墨脱县严格落实15年免费教育政策，通过各种教育惠民政策保障贫困家庭接受教育的机会。墨脱县严格按照学前至高中（含中职）教育阶段实施农牧民子女“三包”政策和城镇困难家庭子女助学金制度“学前每生每学年3320元，义务教育阶段每生每学年3820元”标准，将“三包”经费按月足额拨付至各执行学校；严格执行“营养改善计划”经费使用计划规定，按照“每生每天4元，每年按200天计算”标准，将“营养改善计划”经费按月足额拨付到各执行学校。

为了保障经费使用，墨脱县制定了《墨脱县教育系统财务内控管理制度》，组织各校校长、会计、出纳开展财务培训，提高业务水平，强化“红线”意识；制定《墨脱县“三包”及营养改善计划物资集中采购配送和最高限价方案》，及时购置、发放学生学习生活用品，保障学生吃好、住好，学好；加强对“三包”及营养改善计划经费的监管。不定期深入各校进行监督和检查，提高“三包”和营养改善计划经费保障能力，确保经费用到实处，用到学生身上。2019年，墨脱县政府共拨付“三包”经费725.84万元，营养改善经费123.76万元。

为了切实解决贫困学生后顾之忧，2017—2019年，墨脱县教育局累计发放各级各类资助资金共计338万元，惠及710名建档立卡的贫困学生。墨脱县严格落实各种教育惠民政策，加强对贫困学生的资助，让他们能够更加公平获得受教育的机会，让教育成为阻断贫困代际传递的举措。

（三）大力开展技能培训和扫盲

脱贫攻坚的目的是让贫困群众摆脱贫困，而贫困群众贫困的原因关键在于缺少一技之长。要让贫困群众拥有一技之长，顺利摆脱贫困奔小康，职业教育是帮扶贫困人口脱贫致富最直接、最有效的路径。对于贫困地区而言，大力发展职业教育、针对困难群众开展职业技能培训尤为重要。墨脱县采取各种职业技能培训方式，精准抓实转移就业，为群众脱贫增收创造了有益的机遇。

墨脱县牢牢把握“培训一人、就业一人、脱贫一户”目标成效导向，采取送培下乡，订单、定向培训等方式，把贫困群众技能技术培训班开设到贫困乡镇、贫困村、贫困群众密集场所，围绕蜜柚种植、藏餐烹调、挖机装载机、竹编技艺、温室大棚蔬菜种植等与贫困群众增收联系紧密的实用工种，开展建档立卡贫困群众技能技术培训，有效提升贫困群众就业创业能力。截至2018年年底，累计投入资金343.47万元，举办各类农牧民促进就业培训57期，培训2129人次，其中建档立卡贫困人口695人。借助“春风行动”，搭建交流平台，加大职业介绍、职业指导服务等工作力度，促进建档立卡贫困群众顺利转移就业。截至2018年年底，累计推荐就业1376人，实现转移就业654人次。

墨脱县政府各部门也充分发挥自身业务优势，开展职业技能培训，通过提升贫困群众的职业技能带领群众脱贫增收。例如，墨脱县教育局与人社局合作，联合开展职业技能培训。教育局联合人社局举办涵盖建档立卡“两后生”① 的农牧民群众茶叶种植培训，与当地的支柱产业茶叶种植相结合，培训为期30天，120余名贫困群众参加培训；2019年4月，卫健委举办了为期30天的乡村医生技能培训班，培训了51名乡村医务人员；2019年5月，墨脱县2019年第二期农牧民实用技能培训顺利开展。墨脱县于5月27日组织帮辛乡帮辛村等6个村22名茶叶种植能手、科技特派员及村“两委”班子成员通过实地采摘茶青、观摩与各村收入较高的种茶能手交流等方式对德兴乡荷

① 扶贫政策中农村贫困户“两后生”是指未能继续升学的初中毕业生和高中毕业生。他们多为农村贫困家庭中的富余劳动力，年龄在15—22周岁的未婚青年。

扎茶园、背崩乡檫曲卡茶园、墨脱镇果果塘茶园、墨脱镇邦塘茶园和墨脱县茶叶加工厂茶园参观学习。通过此次培训，参训人员的职业技能得到了进一步提升。为进一步加强秋季茶叶后期管理，切实提高群众茶叶种植水平。近期，县农业农村局邀请专业老师深入帮辛乡各村开展“林芝市 2020 年秋季茶叶种植技术”培训会，各驻村工作队积极组织群众参与培训会。此次培训历时 4 天，参加人数 97 人，发放锄草工具 97 套，其中有 37 名建档立卡户参加培训。此次培训会主要针对茶叶秋季管理松土、除草、修枝剪杈、根外追肥、病虫害防治等方面进行培训，培训会以现场教学和活动场所集中学习理论知识的方式进行，提高了帮辛乡各村群众的茶叶种植管理技术，同时也增强了群众种植茶叶的积极性，为创业增收打下基础。

截至目前，墨脱县组织开展各类技能培训 11 期，培训 664 人次（其中贫困户 134 人次）；农牧民转移就业 8860 人次，实现收入 2594 万元。这些职业技能培训为墨脱县脱贫攻坚提供了智力支持，也成为贫困群众脱贫致富重要路径。例如，在藏餐、舞蹈、挖掘机、藤竹编织等技能培训后，达木珞巴民族乡家庭农家乐增至 14 家，农牧民群众厨师兼店长创业增收；挖掘机、装载机共计 30 辆，挖机小能手日益增多，参与施工建设；藤竹编织能手相继涌现，勤劳的双手编织出幸福生活。

此外，墨脱县注重“推普（通话）脱盲”。墨脱县教育局编印西藏自治区深度贫困地区“人人通”推广普通话教材，墨脱县扫盲教材《语文数学》，协同各乡镇开展扫盲和推普工作，发放脱盲证书 776 本。

（四）墨脱县教育与智力扶贫取得的成就及启示

（一）墨脱县教育与智力扶贫取得的成就

由于恶劣的自然条件和地理位置上的偏僻，墨脱社会经济发展缓慢。这对于扶贫无疑是一个不利因素。墨脱县在这种困难境遇中，在党中央、国务院以及各级党委、政府的关心和支持下，依托各种援藏及外部资源，极大地改善了教育基础设施，稳定了教师队伍，强化了师资力量，并在智力扶贫方面加大了投入，为墨脱县脱贫减贫提供了重要的支援。墨脱县教育和智力扶贫方面主要取得了以下主要成就。

第一，教育基础设施得到了极大的改善与提升。历史上，墨脱县教育资源主要集中在寺院，受众多为佛教僧侣，其他教育包括平民教育几乎空白。中华人民共和国成立后，墨脱县现代基础教育从无到有，从少到多。改革开放之后，墨脱县基础教育取得长足发展。特别是党的十八大以来，墨脱县教育基础设施得到了极大改善，包括学校面积和规模、教学设施和仪器。2019 年，教育领域共有续建、新建项目 21 个，总投资 7190 万元，建筑面积达 20031 平方米，涵盖村级幼儿园、教师周转房、乡小学改扩建、乡小学附属幼儿园、学生宿舍、公共体育场地田径跑道和足球场等项目。通过新建、利用村级组织活动场所等方式，实现年内新开 14 所幼儿园目标，全县各级各类幼儿园增至 25 所，覆盖全县 36 个行政村，覆盖率达到 78%。目前，县内各校全部设置了图书室、美术室、音乐室、微机室、体育器材室以及物理、化学实验室等功能室，配备了电子白板、投影灯信息化教学设备，教学基础设施设备基本满足教学需求。

第二，强化了师资，教育质量和水平得到了极大的提升。为了强化师资力量，通过各种措施加强教师队伍建设，提升教育水平和教育质量。墨脱县于 2003 年完成扫盲工作，2005 年完成学校布点建设和“普六”，2007 年完成“普九”，2012 年通过“普九”国检，2018 年通过义务教育均衡发展督导评估验收。

第三，提升了教育公平。墨脱县通过各种宣传方式，大力开展国家有关助学政策的宣讲宣传和教育引导工作，提高助学政策的透明度和知晓率，确保符合条件的学生全部享受；充分发挥党员先进性，积极开展“党员干部进村入户、结对认亲交朋友”活动，定期不定期走进帮扶家庭，帮助解决实际困难和问题。有效整合社会资源，加强社会资助，弘扬和激发教育扶贫济困正能量。严格执行“双线控辍保学”责任制，① 全面落实控辍保学“四书制”，② 建立健全协调联动机制，保证学生享受公平教育的权利。及时梳理全县建档立卡贫困家庭学生相关信息，进一步健全完善数据库。开展残疾儿童送教上门工作，对现有6名儿童累计开展送教上门活动32次，送教课时128节次。

第四，通过技能培训转移就业帮助人民切切实实地脱贫致富。墨脱县狠抓技能培训，不断拓展群众增收渠道，瞄准产业优势和贫困群众自身实际，加强与培训机构合作，大力实施“送教下乡”“送培下乡”活动，重点围绕餐饮服务、特色种养殖、民族服饰、民族手工艺品制作等贫困群众参与度高的就（创）业工种，开展订单、定向、定岗式技能培训。这些培训为农牧民转岗就（创）业、增加收入提供了很好的机会。

（二）墨脱县教育扶贫和智力扶贫的启示

消除贫困依然是当今世界面临的最大全球性挑战，也是人类的共同使命。消除贫困，改善民生，逐步实现共同富裕，是

① “双线控辍保学”是中国落实控辍保学的一项创举，具体指政府部门和教育部门两条线开展控辍保学工作。政府部门建立“县长、乡镇长、村长”三级包保网络，从政府、社会层面做好义务教育政策宣传和返校就读保障工作；教育部门建立“局长、校长、师长”三级包保网络，利用学籍管理系统为每一名具有辍学倾向的学生明确包保责任人，有针对性地做好家长的思想工作和学生的课外辅导，有效地提升了“控辍保学”效果。

② 控辍保学“四书制”中的“四书”指义务教育入学通知书、辍学学生限期劝返通知书、未按时入学处罚通知书、暂缓入学通知书。

全体中国人民的共同愿望，是社会主义的本质要求，也是中国共产党践行“执政为民”理念的重要体现。而教育在扶贫减贫中的重要作用也受到各方重视，习近平主席一再强调教育对于阻断贫困代际传递重要作用。这也是党“执政为民”理念的重要阐释和实践。墨脱县优先发展教育，扶贫先扶智，通过提升教育基础设施，加强教师队伍建设，提供各类技能教育，让教育成为脱贫攻坚的重要手段。墨脱县教育扶贫是中国教育扶贫的一个缩影，其丰富的实践必将为人类社会的减贫提供宝贵的经验和中国智慧。

第一，教育和智力扶贫的体系化。教育和智力扶贫的体系化主要体现在从中央到地方，各级党委、各级政府均秉持“执政为民”的理念，从战略的高度认识教育和知识在扶贫中的作用；各级党委、政府从政治的高度重视教育，通过资源倾斜和制度保障来保证教育质量和教育公平，让贫民子弟有机会、有可能利用知识去改变命运。在党中央的指导下，教育部总结了全国教育扶贫的实践经验，出台了“教育扶贫全覆盖”20 项政策，涵盖教育扶贫的方方面面，为教育扶贫制定了顶层规划。中央的政策方针为教育扶贫指明了方向，地方政府在此基础上因地制宜，制定适合本地区的扶贫政策和策略，形成上下同心、共同支持教育发展的大好局面。

第二，地方政府充分发挥主观能动性，因地制宜，长期不懈坚持推进教育扶贫，为脱贫攻坚工作提供智力支持。在中央及各级党委、政府的重视和支持下，墨脱县委、县政府始终坚持把“教育扶贫”作为脱贫攻坚的一项重要举措，持续加大教育投入，把党和政府的关心送到千家万户。改革开放以来，墨脱县持续加大对教育的投入，不断改善教育基础设施，加强师资建设，提升教育质量，完善职业培训的方式和模式。自 2016 年以来，墨脱县累计投资 14548.5 万元实施教育基础设施建设项目，进一步改善和提高了教育教学条件，让学生不仅有公平机会接受教育，而且能够接受更好、更优质的教育。此外，墨脱县教育系统强化思想认识，推动教育扶贫工作纵深发展。该县教育系统通过不断学习习近平总书记系列讲话精神、党的十九大精神、脱贫政策，强化对教育扶贫的思想认识，发挥学校的作用，将扶贫与扶智相结合，将教育质量的提升作为阻断贫困代际传递的重要手段。为此，墨脱县教育系统先后成立教育脱贫攻坚巩固提升领导小组、教育系统抓党建促脱贫领导小组，并制定了《墨脱县教育系统党建促脱贫工作方案》《墨脱县教育脱贫攻坚巩固提升实施方案》，为教育脱贫提供组织、制度保障。

第三，优先发展教育，突出智力扶贫。墨脱县积极营造打好脱贫攻坚战的浓厚氛围，唤起贫困群众自我脱贫的斗志和决心，持续深入地开展“志智双扶”工作。截至目前，共开展宣讲500余次，受教育群众2000余人次；积极引导社会重视教育。墨脱县高度重视对社会的引导，加强社会对教育的重视。墨脱县委、县政府充分动员乡镇政府、驻村工作队、教师的力量，先后实施“扫盲”、“两基”、义务教育均衡等工作。经过多年的法律知识普及和宣传教育，全县农牧民群众重视教育的意识逐步增强，实现了“要我读书”到“我要读书”的观念转变。2015年，墨脱县教育局实施《墨脱县教育教学工作奖惩办法》，每年表彰一批重教家庭和优秀学生，并给予相应奖励，进一步鼓励农牧民群众对教育观念的转变，使他们重视教育的程度和积极性进一步提高。

第四，有效整合各方资源，增强教育扶智能力。墨脱县是一个贫困县，财政收入有限，教育资源严重匮乏。为了提升教育质量，墨脱县借助援藏资源，拓宽教育帮扶渠道。墨脱县在加大社会资金筹措力度的同时，加强与广东结对帮扶学校的交流，争取在师资、管理经验、教学资源等方面的帮扶，增强自身教育扶智能力。墨脱县充分利用广东省援藏教育资源，以援藏副局长分管教研、邀请广东教师赴藏支教、派遣本县老师到粤跟岗等方式，不断更新教师教学理论，丰富业务知识，增强教学技能。多种资源合理利用、有机组合，极大增强和提升了扶贫扶智能力。

墨脱的教育与智力扶贫既是中国教育与智力扶贫的缩影，更是中国改革开放四十多年的见证。这其中既有中国教育和智力扶贫经验的运用，也有墨脱作为少数民族地区教育脱贫经验的总结。改革开放四十多年来，特别是党的十八大以来，墨脱县基础教育发生了翻天覆地的变化，这与以习近平同志为核心的党中央的重视和支持是分不开的。当然，墨脱县基础教育的发展与进步仍需要进一步巩固。相信在党的“执政为民”理念的指引下，在政府与社会的共同努力下，墨脱县教育扶贫事业定会谱写新的篇章！

七　西藏墨脱县医疗卫生概况与传染病防治成效

历史上，因气候潮湿、闷热，墨脱县曾是各种流行性疾病多发地区。这里医疗卫生基础设施落后、缺乏专业医疗卫生从业人员和医疗物资、疟疾和包虫病等传染性疾病肆虐，一度形成了群众看病难、看病远等医疗卫生困难长期存在的局面。多年来，在国家、西藏自治区、林芝市和墨脱县的共同努力下，该县已经基本完善了医疗卫生机构建制、形成了全方位对口医疗援助体系，传染病防治工作也取得了突破性进展等。2019 年年初，墨脱县宣布脱贫摘帽，迎来了脱贫攻坚战的新篇章。全县正积极开展各项医疗卫生和传染病防治项目，将卫生工作重心由扶贫转向防贫和助贫相结合，① 为提高各类困难群众抵御重大疾病风险的能力，防止因病致贫、因病返贫，真正实现县域内全面、健康、可持续发展，全力建设“后脱贫时代”的墨脱县而不懈努力。

（一）医疗卫生事业发展呈现全新局面

墨脱县医疗卫生事业的发展经历了一个漫长过程。在国家、

① 包路芳：《西藏墨脱县脱贫摘帽后的可持续发展研究》，《中国藏学》2019 年第 4 期。

自治区、林芝市，以及对口援助省市的大力帮扶下，该县逐渐摆脱了医疗基础设施落后、百姓缺医少药看病难的状况，形成了医疗卫生机构和人员配置基本完善，全方位对口医疗援助体系逐步形成，医疗卫生事业快速发展、特色鲜明，基层医疗水平和就诊条件不断改善的全新局面。

（一）医疗卫生机构和人员配置基本完善

中华人民共和国成立之初，墨脱宗①成立宗办事分处并下设民政科，负责该地区的民政和医疗卫生工作。直到1959年，墨脱县委、县政府成立后，该县设立专门办公室负责文教和卫生工作。在县卫生机构的领导下，墨脱县开始了现代医疗卫生机构和人员配置的建设。20世纪60年代，该县在缺医少药、卫生条件差的情况下，从全县30个自然村抽调有知识的青年25名，进行专门卫生保健培训，拉开了墨脱县医疗队伍建设的序幕。1960年，墨脱县卫生院成立，为该地区群众医疗救治、卫生健康工作提供了基本服务。1975年，墨脱县开始建立背崩区、德兴区、墨脱区、格当区、帮辛区、加热萨区6个区卫生院。1977年在湖南省湘潭市医疗队的帮扶下，墨脱县医院正式成立，该院医疗设备、资源和经费拨款逐步到位。1988年墨脱县撤区建乡后，原6个区卫生院改为6个乡卫生院，又增设达木乡卫生院和甘登乡1个乡卫生室。1989年，该县成立县卫生防疫站，这标志着该县有了预防和管理卫生防疫工作的专门医疗部门。

目前，墨脱县主要设置县、乡、村三级医疗卫生机构，县一级医疗机构主要包括县卫生服务中心、县藏医院、疾控中心，乡一级医疗机构主要包括乡卫生院，村一级则设立了村卫生室。墨

① 西藏的“县”曾被称为“宗”。“宗”系藏语城堡的意思，吐蕃王朝覆灭后地方贵族建立城堡自卫，形成的一个个割据政权被称作“宗寨”。“宗”在元代就成了西藏地方行政机构并一直延续到西藏和平解放。1959年，墨脱正式废宗置墨脱县，墨脱宗改称墨脱县。

脱县主要的医疗卫生机构有13家，县级医院2家，疾控中心1家，乡（镇）卫生院7家，诊所3家。主要有县卫生服务中心、藏医院，德兴乡卫生院、背崩乡卫生院、格当乡卫生院、达木珞巴民族乡卫生院、帮辛乡卫生院、加热萨乡卫生院、甘登乡卫生院。全县医疗机构床位共计123张，县级医院拥有床位87张。

墨脱县卫生服务中心设有8个临床科室（内、外、妇、儿、感染疾病、急诊、麻醉手术室、口腔科），5个医技科室（放射、检验、功能科、消化内镜中心、微生物实验室），7个职能科室（办公室、医务科、护理部、院感科、财务科、总务科、药剂科），目前开放病床75张。药品配备及种类370种。能开展胆囊切除、肠穿孔修补、肝破裂修补、阑尾、剖宫产、异位妊娠、卵巢囊肿切除、麻醉技术等治疗服务。2016年底创建“二级乙等”医院，目前正在筹备“二级甲等”医院创建各项工作。

县藏医院主要设立了藏医门诊、治未病科等9个科室，共能开展17项藏医适宜技术服务，县藏医院在“三级医院”对口帮扶专家的指导下启动了理疗科新项目“易罐疗法”。县藏医院设置床位12张，藏药品种达到260种；各乡卫生院均设立藏医科，能开展6种以上藏医适宜技术服务，藏药品种100种。

疾控中心主要负责全县基本公共卫生、重大公共卫生服务工作，突发公共卫生事件应急处置卫生防疫工作，负责开展健康教育、健康促进工作，倡导健康生活方式，加强传染病管理，组织开展墨脱县公共卫生健康危害因素监测，开展卫生学评价和干预。疾控中心下设地方病防治与消杀科、免疫规划科和传染病防治科，以开展鼠、蚊、跳蚤等病原媒生物的种群分布调查与控制，传染病疫情监测、预警、报告等工作。

乡卫生院的医疗服务主要包括正确处理常见病、多发病、地方病的诊治，规划疫苗接种，对疑难杂症进行识别、处理、转诊，配备常用药品及种类70—120种。基本能实现常见病、多发病等小病不出乡的目标。各乡卫生院总共有开放床位40

张。村卫生室的主要工作包括承担健康档案建立、健康教育服务、0—3岁儿童管理、孕产妇管理、高血压、重性精神病等随访工作。每个行政村配备村医2名，46个行政村共有村医92名。①

墨脱县全县医务工作人员共计138人，编制114人，编制外人员为合同制工和临时工。医技人员本科学历共计42人，大专学历共计76人，大专学历以下21人。职称情况如下：主治医师4名，职业医师5名，助理医师5名，医士20名，主管护师2名，护师13名，护士27名；藏医主治医师1名，藏医职业医师9名，藏医医士3名。

自中华人民共和国成立初期，国家就加大对墨脱县医疗卫生条件的改善，特别是随着改革开放的发展，该县医疗卫生机构和人员配置的建设获得极大提高，卫生和防疫机构建立逐步完善、诊疗科室和部门建设逐渐完备、卫生行政机构人员和事业机构人员队伍逐渐形成。墨脱县形成了县、乡、村三级医疗卫生机构建制，各级医疗机构具备为群众提供卫生防疫和疾病诊治的治疗环境、业务水平和专业医疗器械，医务工作人员的数量和编制也在逐年增加，从业人员的学历和专业水平不断提高。墨脱县现代医疗卫生机构和人员配置已经基本完善，为实现“小病不出县区”的目标奠定了基础。

（二）全方位对口医疗援助体系逐步形成

1977年，根据国务院有关文件精神，湖南省赴藏医疗队湘潭分队一行8人抵达墨脱县驻地，开始开展对口医疗援助。湘潭医疗队的主要任务包括加紧培训当地民族医务人员，努力建

---

① 墨脱县卫生局：《墨脱县医疗卫生现状》，墨脱县人民政务网，2019年1月16日，http：//www. linzhi. gov. cn/mtx/zwgk/201901/7d2edc75365d4bf2a7e96d2d3f31530e. shtml。

设县医院，积极培训县区医务人员，逐步建立健全农村三级卫生网，建立健全医疗卫生事业机构和制度等工作。1980 年，湖北省医疗小分队到墨脱县进行对口卫生医疗支援工作。1998 年，根据西藏自治区人民政府第四号会议纪要文件精神，由林芝地区人民医院、地区妇幼保健医院、地区防疫站三家联合抽调医疗技术精湛的工作人员组织医疗工作小组到墨脱县进行对口支援墨脱卫生工作。2000 年，墨脱县人民政府与中国人民解放军第 115 医院达成协议，由墨脱县人民政府选派卫生工作干部到第 115 医院进行业务进修和培训。中国人民解放军第 115 医院选派医生到墨脱县进行对口支援墨脱县卫生工作。2001 年至 2005 年间，由中国人民解放军第 115 医院及广东援助墨脱县医疗工作，提供相关医疗业务培训和医疗设备、药品捐赠，墨脱县医疗条件得到改善，药品得到补给。① 2008 年 10 月，深圳派出首批由 4 名医务人员组成的支援墨脱医疗队。2010 年，墨脱对口援建城市福建省漳州市派出首批援助墨脱医疗队，开展为期一年的医疗援助工作。2019 年 9 月，广东省佛山市中医院对口帮扶专家组织医护人员在墨脱县进行高危急性胸痛早期识别与诊断培训。② 在多方对口医疗援助的帮助下，墨脱县卫生事业基本步入正轨。

为进一步提升该县整体医疗水平和就诊条件，对口医疗援助加大了对墨脱县医疗基础设施的整体投入和精准帮扶。2020 年 6 月，来自佛山市卫生系统三甲医院的 10 名医疗援藏专家到达墨脱县，并召开“佛山市医疗援藏、对口帮扶”座谈会，投

---

① 西藏自治区地方志编纂委员会总编、西藏自治区墨脱县地方志编纂委员会编纂：《墨脱县志》，中国藏学出版社 2017 年版。

② 墨脱县卫生服务中心：《佛山市中医院对口帮扶急诊专家陈景利组织医护人员进行高危急性胸痛早期识别与诊断》，墨脱县人民政府网，2019 年 9 月 10 日，http：//www. linzhi. gov. cn/mtx/zwgk/201909/521f88c9c3664b149a3dbc6951b832a2. shtml。

入墨脱县人民医院创二甲的备战工作中。

墨脱县人民医院创建“二甲医院”项目是广东省第九批工作队墨脱县工作组的重要民生援藏项目，不仅得到了广东省佛山和林芝两地市卫健委领导的高度重视，也得到了墨脱县委县政府和广大人民群众的高度认可与支持。截至2020年9月，广东省佛山市已派出多名三甲医院的评审专家，奔赴墨脱，开展专项帮扶，把脉创“二甲”短板，以评促建，开出“诊断”和“处方”，为此次“组团式”援墨提供了精准的方向和动力。2020年1月，该项工作被列入林芝市人民政府本年度“十大民生实事”。为了能够顺利通过2020年底西藏自治区的二甲终评，第九批广东省佛山市援藏工作组全力、全程支持该项目，为提高医院的诊断水平和信息化水平，投入800多万元采购16排32层进口螺旋CT一台和医院信息化系统；为改善医院就医环境，优化门诊住院结构，投入150万元，现已完成项目前期工作；为提高墨脱县急救和医护人员操作技能，拟投入50万元成立“墨脱县急救及临床操作技能培训中心”，共计1050万元。为高质量完成对口支援墨脱县人民医院工作，力争2020年内把墨脱县人民医院创建为西藏林芝地区首批县级二级甲等医院，广东省佛山市援藏工作组和广东省佛山市卫健局坚持“墨脱所需、佛山所能”的原则，统筹全市卫生资源，以广东省佛山市中医院为主体组建“驻点帮扶工作组”，开展全面精准帮扶。①

多年来，在对口省市医疗援助的大力支持下，墨脱县医疗条件得到极大改善，无论是人员培训、医疗器械和药品还是医疗资金援助，都为改善当地医疗基础设施建设提供了支撑。目前该县已经形成较完整的人员、设备、技术全方位对口医疗援助体系。

---

① 西藏自治区卫生健康委员会：《多维度援藏　助推林芝卫生健康事业发展》，《健康中国观察》2020年第9期。

（三）医疗卫生事业快速发展、特色鲜明

2019年西藏自治区《政府工作报告》主要内容显示，在自治区的推动下，全自治区卫生健康事业都取得了新进步。自治区启动了对包括墨脱县在内的县域综合医改，推进县乡一体化建设。公立医院综合改革进一步深化，在96个乡镇开展基层巡回诊疗。医疗人才"组团式"援藏带动医疗服务质量迅速提升，"互联网+医疗健康"覆盖20%以上医院。包括墨脱县在内全自治区的结核、肝炎等疾病筛查防治都获得全面落实，包虫病综合防治三年目标任务圆满完成，兑现了决不把包虫病带入全面小康社会的庄严承诺。①

目前，墨脱县医疗卫生工作整体上呈现以下几个主要特点。

第一，全县医疗条件持续改善。2019年，全县医疗机构门诊总量达2.97万人次，同比增长6.98%，住院635人次，同比增长18.6%。开展各类手术71例（清创手术除外），"走出去"学习培训班103人次，巡回义诊193场次、派出医务人员346人次、诊治群众12064人次、免费发放药品价值10.87万元，家庭医生重点人群签约服务率100%。2019年9月，县卫生服务中心按照创建"二甲医院"要求，对急诊科进行升级改造、开展全天候24小时急诊服务，对整体就医环境进行了升级改造，有效提高了全县危急重症患者抢救的成功率，提升了群众生活质量。

第二，全县医疗保障力度进一步提高。为提高各类困难群众抵御重大疾病风险的能力，为防止因病致贫、因病返贫，墨脱县对农村和城镇患重大疾病的家庭实施了医疗救助。到2018

---

①《政府工作报告：2019年工作回顾》，西藏党员教育网，2020年1月8日，http：//www. xzdyjy. gov. cn/folder967/yw/qnyw/2020-01-08/128764. html。

年底，墨脱县城乡居民医疗救助保障基本到位，当年全县共受理医疗救助申请245起，发放医疗救助金1328695.56元；为低保户、五保户、一般贫困户等建档立卡贫困户1577人代缴合作医疗自筹资金共计31540元。2019年全县医疗救助共计415人次，救助资金共计1727698.41元。其中建档立卡贫困户群众救助377人次，救助金额1110427.43元；非贫困户群众医疗救助34人次，救助金额451534.96元；城镇职工救助4人次，救助金额165736.02万元。

医疗救助工作为生活困难群众的就医提供了较大的帮助。2019年1月至10月，全县卫生健康资金支出6299万元，同比增加2498万元、增长65.72%。2019年大病统筹报销资金203万元，其中建档立卡贫困户报销30.58万元。2020年墨脱县农牧区群众治疗共1535人次，其间产生农牧区医疗费用771.5万元，专项医疗救助资金52.05万元；其中，住院资金大病统筹报销已兑现资金418.99万元、943人次。2019年建档立卡住院治疗362人次，门诊53人次，产生的费用12.34万元；住院362人次，住院产生的费用507.63万元；大病统筹报销307.26万元，大病保险16万元；医疗救助131.93万元。2020年7月，墨脱县医疗保障经网上平台圆满完成该县城乡居民第一批在统筹区内外就医治疗后医疗报销兑现工作，基金医疗报销总金额为756583.05元，涉及全县城乡居民125人次。城乡居民补助类型中，标准补助75人次，报销611526.93元；医疗救助13人次，救助金额25065.65元；普通门诊12人次，报销10300.87元；大病保险25人次，报销109689.6元。“大重病”参保居民及特困等“困难群体”的个人医疗负担极大减轻，有效缓解了居民“因病致贫”的难题。

第三，全县医疗保险基金运行平稳。截至2019年底，全县城乡居民基本医疗保险共参保11363人，其中建档立卡贫困人口2663人、农牧民低保367人、城镇户低保16人、特困供养人员 78 人、城乡重度残疾人员 126 人、享受孤儿待遇 15 人、市集中供养孤儿 6 人。全县农牧区医疗资金到位 600. 11 万元，其中国家和自治区配套资金 506. 47 万元，市级配套资金 36. 26 万元，县级配套资金 36. 25 万元。全县缴纳个人筹资共计 21. 13 万元，其中民政局代缴筹资 5. 312 万元；家庭账户拨款 170. 1 万元，完成报销 203. 62 万元、684 人次；特殊门诊 8. 97 万元、26 人次；健康扶贫救治市级以上救治资金 39. 96 万元、59 人次；县级救治资金 6. 66 万元、48 人次。

第四，传染性疾病防治工作取得突破性进展。2019 年，墨脱县召开包虫病防治工作推进会 2 次、督导评估 2 次、筛查包虫病患者 5 例、发放药物 305 盒、抓捕流浪犬 437 只、犬驱虫率达 98%、完成“三病”① 重点人群筛查 4548 人，目标人群筛查率达 95. 6%。2019 年 11 月，墨脱县消除疟疾工作顺利通过首级终审评估验收，截至 2020 年，墨脱县已经连续 4 年无本地疟疾病例，目前该县已经彻底消除疟疾。

第五，多措并举夯实基层医疗水平。该县实行骨干医生下沉制度，巡视乡（镇）村进行看诊，还从县卫生服务中心、藏医院选派 5 名技术精湛的临床医生、护士分别到偏远乡镇驻点帮扶，实现县级优质医疗资源下沉。墨脱县通过建立结对援助机制，同上级林芝市人民医院与格当乡卫生院建立结对援助机制，每批派驻 3 名医护（2 名医师、1 名护师）开展结对帮扶工作；同援墨医疗队、三级医院对口帮扶医疗队每季度下乡开展一次业务指导。为强化培训力度，培养乡（镇）村医疗队伍，2019 年共举办医务人员培训 62 场次，培训县乡村医务人员共计 1053 人次。为了夯实基层设备、提升乡（镇）村医疗水平，该县为 46 个村配发价值 9. 03 万元的 10 种藏药和药品收纳盒，村卫生室提供藏医药服务；为 92 名村医统一配备一台电子血压计

① “三病”是指乙肝、梅毒和艾滋病。

和听诊器共价值2.4万元；为37个行政村卫生室配备价值53万余元的医疗设备；为7个乡卫生院募捐1台便携式心电图仪价值1万余元。

（四）基层医疗水平和就诊条件不断改善

早在2003年7月30日，国务院第16次常务会议就通过了《乡村医生从业管理条例》，为提高乡村医生的职业道德和业务素质，加强乡村医生从业管理，保护乡村医生的合法权益，保障村民获得初级卫生保健服务作出了相关规定。

根据《乡村医生从业管理条例》，目前，墨脱县基层医务工作者从业标准和诊疗水平都获得了大幅提高。以笔者走访调研的墨脱县背崩乡地东村卫生室为例，背崩乡卫生院要求各村卫生室的工作人员必须达到初高中以上学历，具备国家助理医师资格或持乡村医生资格证，以便给当地农牧民提供满意低廉、优质的医疗服务。经村委会同意，通过乡卫生院业务考核合格后，各村卫生室的工作人员会由乡卫生院聘任，聘期为一年。

按照管理条例的规定，乡村医生至少每两年接受一次培训，参加一次考核。以前，墨脱县各村村医以赤脚医生为主，现在的村医不仅接受了上级卫生机构组织的乡村医生例会和业务培训，而且平日里也加强业务知识学习，能够进行一些基本的医疗救治和卫生防疫，可以及时方便地为农户上门诊疗送药，并定期上门回访高血压、糖尿病患者用药情况，以满足当地群众对医疗卫生的基本需求。例如，地东村卫生室共有3名村医，分别是白玛、白玛多吉和索朗措姆。三名村医平日里以务农为主，轮流在村卫生室值班、提供村医随访服务。村民遇到身体不适，如高血压、感冒发烧，可随时通过电话、手机与村医联系，村医可到患者家里提供诊疗、救治或转诊建议。

为响应自治区“大病不出自治区、中病不出市地、小病不出县区”的目标，方便人民群众就诊，有病能够得到及时救治，墨脱县各村都成立了基层巡回诊疗责任团队。例如，地东村基层巡回诊疗责任团队就是按照自治区要求而成立，由拉珍、扎西次仁、边珍、白玛、白玛多吉和索朗措姆共6名医生组成。近年来，西藏自治区以基层巡回诊疗为突破，创立分级诊疗和家庭医生签约服务的西藏模式。针对自治区实际和群众健康需求，为解决基层卫生人员缺乏、力量分散等问题，自治区卫健委将卫生健康服务"被动服务"转变为"主动上门"，服务理念从"疾病诊疗"转变为"健康管理"，从2019年起正式启动并实施了高海拔偏远乡村基层巡回诊疗项目。在基层巡回诊疗责任团队的建设上，统一建立由1—2名县级医院医生、1—2名乡镇卫生院医生、2名村医组成的5人左右巡回诊疗责任团队(签约服务团队)。每个责任团队包片负责1—2个乡镇，每月入户上门巡诊一次，在群众身边开展健康体检、疾病诊疗、家庭签约、基本公共卫生等服务，宣讲健康扶贫、包虫病和结核病、乙肝综合防治等政策。① 同时，自治区通过整合项目资金为基层配置巡回诊疗车和医疗设备，并计划2020年在全自治区685个乡镇实现全覆盖，打造一支"带不走"的医疗队，积极推进西藏健康扶贫、包虫病、结核病、乙肝等重大疾病防治等惠民政策落实，在西藏地区形成卫生健康服务的合力。②

除了基础病的诊疗和回访，墨脱县各村卫生室还承担了计划免疫、妇幼、计划生育等各项工作，进行了新冠肺炎疫情防控宣传、卫生所药品出入库登记、孕妇及儿童信息登记等工作。目前，墨脱县已经形成了较为完善的以村卫生室为主体的基层

① 《西藏自治区计划明年实现巡回诊疗全覆盖》，拉萨公共资源交易网，2019年8月2日，http://ggzy. lasa. gov. cn/Article/ArticleDetail? id =55781。

② 《在基层开展巡回诊疗　提升医疗服务保障能力我区基层巡回诊疗试点工作正式启动》，西藏自治区卫生健康委员会网，http://wjw. xizang. gov. cn/ztzl/qqjcwsjg/201908/t20190808_93642. html。

医疗机构和以村医随访制度为基本的诊疗方式，为切实提高该县基层医疗水平和就诊条件作出了巨大贡献，为防止墨脱县群众因病致贫、因病返贫发挥了重要作用。

（二）传染病防治措施完善，已形成较健全的传染病疫情防疫网络

传染病是由各种病原体引起的能在人与人、动物与动物或人与动物之间相互传播的一类疾病。根据《中华人民共和国传染病防治法》规定管理，传染病分甲、乙、丙三类，包括甲类2种、乙类27种和丙类11种，共40种。甲类传染病是指鼠疫和霍乱，乙类包括疟疾、艾滋病、结核病、新冠肺炎等，丙类包括包虫病、麻风等。历史上，墨脱县内传染病有麻风、霍乱、天花、脑炎、白喉、麻疹、痢疾、伤寒等。在国家和对口区医疗援助的帮扶下，墨脱县人民医院于1977年成立后开始兼管防疫业务。1982年墨脱县建立各区乡卫生院（所、室），并兼管各区乡防疫工作。1989年，墨脱县卫生防疫站建立，专门负责疾病防疫工作，之后又成立墨脱县疾控中心。改革开放40多年来，墨脱县卫生事业和传染病防治事业发生很大变化，逐年加强了传染病预防接种工作。现在鼠疫、天花等烈性传染病已经被消灭，梅毒、淋病已经绝迹，白喉、斑疹伤寒、脊灰、炭疽基本被消灭，疟疾已经连续四年没有本地病例发生，包虫病、结核病和麻风病等其他传染病病例数也是逐年下降，人民健康水平不断提高。① 目前，墨脱县传染病防治措施完善，已经形成较健全的传染病疫情防疫网络。以发病日期统计，墨脱县疾控中心公布2020年1月1日至3月31日全县无甲类传染病病例报告，报告法定乙、丙类传染病3种8

① 西藏自治区地方志编纂委员会总编、西藏自治区墨脱县地方志编纂委员会编纂：《墨脱县志》，中国藏学出版社2017年版。

例，未发生突发公共卫生事件。

（一）从国家到县域共同推动消除疟疾目标实现

疟疾是严重危害人民身体健康和生命安全、影响社会经济发展的虫媒传染病。疟疾的传播媒介是按蚊①，经按蚊叮咬后将疟原虫寄生于人体而传播。人体疟原虫有四种，分别引起间日疟、恶性疟、三日疟和卵形疟疾，10—20 天后就会发病。发病前往往有疲乏、不适、厌食等症状，发病时经历发冷期、发热期、出汗期和间歇期四个阶段。恶性疟重症病例可出现意识障碍或昏迷等症状，如救治不及时可危及生命。

中国境内疟疾病例以间日疟和恶性疟为主（见表7－1），以前墨脱县的疟疾流行以间日疟为主。疟疾的流行与墨脱县温度、雨量适合蚊虫和疟原虫的发育、繁殖有着紧密关系。疟疾流行的季节往往气候温暖、雨量较多，蚊虫能大量繁殖。因此，进入墨脱地区存在被蚊虫叮咬并感染疟疾的风险。

表7－1　2010—2018 年中国报告疟疾病例：按种类划分　单位：例

疟疾病例数量＼年份	2010	2011	2012	2013	2014	2015	2016	2017	2018
疑似病例	7118649	9190401	6918770	5555001	4403633	4052616	3194929	2409280	1904295
恶性疟原虫本地病例	—	—	—	—	—	1	0	0	0
间日疟原虫本地病例	—	—	—	—	—	26	3	0	0

① 疟蚊属，又称疟蚊，主要传播疟疾和丝虫病等。

续表

疟疾病例数量＼年份	2010	2011	2012	2013	2014	2015	2016	2017	2018
混合型本地病例	—	—	—	—	—	0	0	0	0
其他种类本地病例	—	—	—	—	—	6	0	0	0

资料来源：根据世界卫生组织（WHO）《2019 年全球疟疾报告》（*World Malaria Report 2019*）数据绘制而成，数据收录截止日期为 2020 年 2 月 14 日。“—”表示该数据不存在或无法获取。

为响应 2007 年第 60 届世界卫生大会设立“世界疟疾日”的倡议，我国结合实际情况将每年 4 月 26 日定为“全国疟疾日”，并于 2008 年 4 月 26 日开展了首个“全国疟疾日”宣传教育工作。2010 年，原卫生部、国家发展改革委、教育部等 13 个部门联合印发了《中国消除疟疾行动计划（2010—2020 年）》，提出到 2020 年全国实现消除疟疾的目标。该行动计划对全国疟疾流行区进行了分类，其中墨脱县属于一类县。一类县是指 3 年均有本地感染病例，且发病率均大于或等于万分之一的县。① 西藏自治区仅墨脱县和察隅县属于一类县，其余县均属四类县。2016 年 8 月，国家卫生计生委办公厅联合国家质检总局办公厅发布《中国消除疟疾行动计划（2010—2020 年）中期评估报告》，到 2015 年

① 在 2006—2008 年全国疟疾疫情报告的基础之上，2010 年《中国消除疟疾行动计划（2010—2020 年）》以县为单位将全国疟疾流行区划分为四类，分别是一类县、二类县、三类县和四类县。其中，二类县是指 3 年有本地感染病例，且至少 1 年发病率小于万分之一的县；三类县是指 3 年无本地感染病例报告的流行县；四类县是指非疟疾流行区。

除云南部分边境地区以外，全国96.43%（54/56）的一类县如期实现了无本地感染病例。海南和西藏各1个一类县出现本地感染病例，其中西藏地区出现本地感染病例的一类县即墨脱县。但同时，该报告还指出西藏边境地区消除疟疾工作难度很大，特别是当时尚不清楚墨脱县当地疟原虫种株及主要传疟媒介种类，消除策略和措施针对性不强。在此基础上，2016年8月，国家卫生计生委办公厅、科技部办公厅等5家单位制定了《全国消除疟疾工作方案（2016—2020年）》。该工作方案进一步指出将西藏林芝地区作为疟疾疫情重点地区，通过强化病例发现、管理和疫点处置，阻断本地疟疾传播，并设定了到2018年实现无本地感染疟疾病例的目标。经过多年缜密的科学调查，目前，墨脱县主要传疟媒介种类已经发现。墨脱县按蚊调查结果显示，在墨脱县共发现20个按蚊种及4个变种为传疟媒介。

自《中国消除疟疾行动计划（2010—2020年）》发布以来，墨脱县在十年内成功取得了消除疟疾的目标，这是国家、自治区、市一级和县一级通力合作、共同努力的结果。为做好消除墨脱县疟疾工作，无论国家层面，还是自治区和市一级，以及县一级都加强措施，有力保障了《中国消除疟疾行动计划（2010—2020年）》和《西藏林芝市消除疟疾“十三五”工作方案（2016—2020年）》的最终执行。

从国家层面来看，根据《全国消除疟疾工作方案（2016—2020年）》的要求，包括墨脱县在内的西藏林芝地区被列入消除疟疾重点地区。为了强化对重点地区消除疟疾工作，阻断本地疟疾传播，《全国消除疟疾工作方案（2016—2020年）》具体要求林芝地区通过以下三种手段，强化病例发现、管理和疫点处置，到2018年实现无本地感染疟疾病例的目标。

第一，加强病例发现与报告。加强辖区内医疗机构、疾控机构专业人员培训，提高疟疾诊治意识与能力；村卫生所及时转诊发热病人，乡卫生院和县卫生服务中心或疾控中心及时诊断、规范治疗疟疾病例；建设疟疾疫情直报网络，在乡镇配备网络直报设备，确保24小时内报告疟疾病例。

第二，强化疫点处置。县疾控中心应当在7天内开展疫点处置工作，包括对疫点内所有居民进行人群服药、对病户及四邻进行杀虫剂室内滞留喷洒。

第三，开展健康宣教，加强人群防护。根据当地风俗习惯，县疾控中心设计制作健康教育材料，广泛开展宣传和健康教育活动，营造消除疟疾氛围，提高居民防护意识。在重点地区采取发放长效蚊帐、安装纱门纱窗等措施，做好人群防护。

从自治区和市一级层面来看，根据《中国消除疟疾行动计划（2010—2020年）》《西藏林芝市消除疟疾“十三五”工作方案（2016—2020年）》《林芝市消除疟疾工作实施方案》等相关要求，林芝市所有疾病预防控制中心均开展免费化验疟原虫和免费为疟疾患者提供抗疟药的活动。同时，市级、1区6县（巴宜区、工布江达县、米林县、墨脱县、察隅县、波密县和朗县）建立了8个疟疾咨询服务站。林芝市疾病预防控制中心印发《加大防治工作力度实现消除疟疾目标》宣传册。该宣传册用汉语和藏语双语印制，小开本共8页，阅读和携带都十分方便。宣传册通过打油诗等通俗易懂的语言形式对疟疾的基本知识，林芝市、县（区）疾控中心疟疾咨询电话，疟区防疟须知都进行了简要介绍，在群众中获得了强烈反响，起到了普及疟疾防范和治疗相关知识的作用。林芝市疾病预防控制中心还印发了《疟疾防治知识》汉藏双语宣传页，通过图文并茂的形式，向当地群众形象介绍了疟疾患病的主要症状和危险性，以及预防和治疗的基本措施。林芝市藏语委办（编译局）对宣传页进行了藏语的翻译，满足了群众藏语阅读的需求。另外，林芝市还积极响应自治区消除疟疾防控机制的行动，同其他地区开展消除疟疾联防联控相关工作。2017年6月，林芝市召开了消除疟疾工作滇藏联防联控工作协调会，会议对云南和西藏健全完善消除疟疾联防联控工作机制进行了研讨，双方达成共识和协议，充分发挥云南省寄生虫病防治所人力资源和技术等优势，对西藏疟疾流行区消除疟疾工作进行人员培训和技术帮扶；充分发挥西藏自治区林芝市资源优势，为云南省寄生虫病防治所提升疾病防治科研能力和水平提供现场基地。同时，滇藏两省建立了信息互通、资源共享、技术合作等平台机制和联防工作站。联防联控合作机制启动后，通过选派专家深入藏区开展消除疟疾推进、蚊媒调查和包虫等重点寄生虫病现场防控，进一步细化并完善各项联防联控机制，共同编制规划并组织实施，以实现监测数据的互通共享，确保按期实现消除疟疾目标和其他寄生虫病的有效防控。①

从县一级层面看，墨脱县增强了主体责任意识，不仅把消除疟疾工作列入全县经济和社会发展规划，纳入高质量发展的大事来抓，还研究制定了《墨脱县消除疟疾工作方案（2016—2020年）》，明确了工作目标任务。墨脱县成立了以政府县长为组长、分管副县长为副组长、各相关单位负责人为成员的消除疟疾工作领导小组，办公室设在县卫计委。墨脱县建立健全了“政府主导、部门协同、齐抓共管、上下联动、全社会参与”的长效工作机制，切实增强工作紧迫感、责任感，确保消除疟疾工作圆满完成。国家每年投入4.5万元专项经费用于墨脱县消除疟疾工作，县级投入7万余元专项经费保障2016年国家派驻广东省援藏专家、市疾控中心专业人员驻点墨脱县开展消除疟疾工作。专项经费使用严格按照财务规章制度专款专用、实报实销，切实保障了消除疟疾工作的顺利开展。

---

① 陆继才：《滇藏启动消除疟疾联防联控机制》，《健康报》2017年6月23日，http://szb.jkb.com.cn/jkbpaper/html/2017-06/23/content_187185.htm。

根据国家对墨脱县等疟疾流行一类县疫情防治的要求，2017 年墨脱县疟疾发病率要降至 10.0% 以下，2018 年全县无本地感染疟疾病例，2020 年与全国同步实现消除疟疾工作目标，通过国家消除疟疾考核认证。为此，为推动消除疟疾工作的顺利进行，墨脱县主要采取了“八大措施”。

第一，完善防控体系。按照《墨脱县消除疟疾工作方案（2016—2020 年）》，加强各成员单位间沟通协作，强化职责、积极协作，实行联防联控、群防群控、综合防控，形成工作目标任务有统有分、各司其职的责任体系，全面推进该县疟疾防控工作的开展。

第二，强化防疫人员防治技能培训。消除疟疾工作的重点是疟原虫镜检，而疟原虫镜检工作的关键点为发热病人的鉴别、临床医务人员的警惕意识和镜检人员的镜检能力等。根据这个目标，墨脱县狠抓镜检员镜检知识、临床医务人员流行病学知识、村医主动搜索能力三大项培训。自 2016 年至 2020 年上半年，墨脱县共举办疟疾防治知识及镜检技术培训班 7 期，培训辖区各医疗卫生机构相关人员共计 200 余人次，先后派出专业技术人员 30 余人参加林芝市及云南省消除疟疾适用技术骨干培训、督导评估及镜检质控督导培训、镜检培训，培训覆盖率和培训合格率均达到 95% 以上。通过培训，进一步强化了全县疟疾防治队伍建设，镜检水平和疟疾防治水平得到全面提高。2019 年墨脱县先后举办了乡、村医生业务培训 2 次，培训人数达到 77 人，提高了乡村医生业务技术能力及规范各项业务工作。

第三，广泛开展发热病人镜检，最大限度检索传染源。墨脱县把疟原虫镜检列入乡镇、县级医疗机构的常规检验工作的内容，建立发热病人转诊等工作制度。按照要求，全县共设立疟疾镜检点 9 个，均配有专职镜检员。2016—2018 年共血检 2771 人次，每年均超额完成了林芝市下达的血检监测任务，血检覆盖率达 100%；共进行 240 张血片复检及质量控制，符合率为100%；按计划抽取阴性疟疾血片65张送林芝市疾病预防控制中心进行复检及质量控制，符合率为100%；疟疾病例主动侦查2751人，均为阴性，侦查率为63.71%。截至2019年9月，该县发热病血检共采集866人份抗凝血，发热病人转诊182人、制作疟原虫快速诊断试纸（RDT）检测866人份，制作滤纸866人份，镜检866人份结果均为阴性。

第四，邀请权威专家开展疟疾传媒蚊种调查，积极推进媒介监测选点工作和物资发放。在上级业务部门的大力支持下，该县邀请国家、云南省疾控中心有关权威专家对墨脱县13个村庄（不同海拔区域）不同滋生地进行蚊种种群基线调查，共发现20个按蚊种及4个变种15种属，填补了墨脱县虫媒疾病的基础数据，突破西藏蚊虫调查蚊种数，为消除疟疾提供有力的科学依据。2019年，墨脱县还开展了疟疾媒介监测选点工作。在德兴乡（德兴村）、背崩乡（背崩村、格林村、江新村）和达木乡（珠村）进行了选址并建立媒介监测点，同时指导乡、村医生开展媒介监测工作，定于每月每村分别开展3次媒介密度调查工作。墨脱县疾控中心工作人员还现场指导具体工作，包括挂灯注意事项、登记记录、标本保存、运输等。2019年在监测点共抓捕蚊子278只，其中带足按蚊71只、多斑按蚊55只、其他库蚊152只。墨脱县还及时向个体工地、流动人口发放消除疟疾物资，累计发放长效防蚊蚊帐350顶、蚊香450盒，发放驱蚊液160瓶。

第五，定期开展督导，不断完善薄弱环节，确保防治工作取得实效。为确保墨脱县消除疟疾工作顺利进行，县卫健委充分发挥消除疟疾办公室统筹协调作用，按照上级要求，定期组织有关部门对全县消除疟疾工作进度进行督导检查，重点督导医务人员的疟疾相关知识培训、“三热”① 病人采血镜检、疟疾

① “三热”病人指临床诊断疟疾、疑似疟疾和不明发热病人。

宣传和流动人口疟疾管理方面内容；积极配合林芝市、自治区、国家督导组，及时解决存在问题，不断完善短板，确保防治工作取得实效。2019 年国家专家组及云南专家组、林芝市疾控中心、墨脱县对德兴乡、背崩乡、达木乡进行下村督导检查，其中综合业务督导 3 次，主要查阅疟疾相关资料及墨脱县疟疾防治队伍人员能力的考核、各乡镇督导检查资料整理归档、工作执行情况。

第六，加强宣传，强化巩固宣传效果。每年在“4・26 疟疾日”的主题宣传日及日常工作期间，墨脱县各成员单位在辖区内采用多种方式进行广泛宣传，尤其是卫生系统各单位结合主题和工作重点，积极向群众开展疟疾预防、传播途径、治疗方法等健康知识普及宣传，通过广播，电视，板报，发放宣传材料、宣传小礼品，下乡入村宣讲，发放蚊帐、蚊香等，切实提高群众防患疟疾的意识。该县还着重加强流动人口、外来农务工、学校、企事业单位的健康教育，广泛宣传普及疟疾防治知识，提高自我防范意识和能力，形成全社会广泛关注、共同参与的良好局面。2019 年墨脱县疟疾日主题宣传活动，主要向群众介绍了什么是疟疾、疟疾是如何预防的、疟疾的主要传播途径是什么、怎样治疗疟疾等相关知识，发放的宣传资料和活动礼品共计折合人民币 14500 元，受益人数达 8370 人，有效提升了墨脱县群众疟疾防治知识知晓水平。

第七，规范化处置疫情。县疾控中心接到疑似疟疾病例报告后，进行血片复核和流行病学调查，并联合县乡医疗机构对疫点进行病例主动搜索，对检测阳性者给予规范治疗，使用高效氯氟氰菊醋药品对疫点喷洒消杀。

第八，做好资料管理。按照实施方案，该县对消除疟疾工作开展以来的所有资料进行规范管理，对上报的工作计划、简报、总结及各医疗单位上报的各类疟疾工作报表整理完善，形成档案资料进行规范存档及装订，为今后疟疾资料的查阅提供便利。

根据墨脱县历史疫情报告资料，2010 年全县报告疟疾疫情 28 例，发病率为 2.33‰；2011 年全县报告疟疾疫情 13 例，发病率为 1.08‰；2012 年全县报告疟疾疫情 9 例，发病率为 0.75‰；2013 年全县报告疟疾疫情 3 例，发病率为 0.25‰；2014 年全县报告疟疾疫情 5 例，发病率为 0.38‰；2015 年全县报告疟疾疫情 8 例，发病率 0.60‰；2016—2018 年全县疫情报告为 0。2001—2014 年发病率逐年下降，2015 年呈现上升趋势，2016 年至今无本地感染疟疾病例发生。

在长期的疟疾防治过程中，墨脱县在西藏自治区、林芝市大力指导和帮助下，通过县、乡、村联动，总结了实用的防治对策和经验，人才储备和技术水平，迄今连续四年无本地疟疾病例，墨脱县疟疾监测体系健全、多部门合作机制和消除疟疾后防控策略逐步落实到位，为有效防止疟疾输入再传播奠定了坚实基础。目前，墨脱县消除疟疾队伍共有 125 人，其中县级 18 人，乡级 15 人，村级 92 人。县、乡级疟疾防疫技术人员能够按照要求开展疟疾诊断、治疗和报告，乡村医生能够开展发热病人血检涂片。

（二）责任明确、全社会共同参与传染病防治

与疟疾防治措施相类似，墨脱县其他传染病应对措施都采取了从国家到县域共同推动防治工作进展的方式，形成了责任明确、全社会共同参与传染病防治的鲜明机制。其中，曾长期困扰墨脱县农牧民群众生活健康的包虫病、结核病、麻风病等传染病及其防治工作就具有典型性，全社会的共同参与为消除该县传染病的传播起到了重要作用并取得良好成效。

1. 包虫病防治攻坚战成果良好

包虫病，俗称白泡泡或者水疙瘩病，是人类绦虫病中危害最严重的一种慢性寄生虫病。包虫病是人畜共患的一种寄生虫

病。包虫病是人体受到狗体内绦虫的虫卵感染所引起的疾病。虫卵随狗粪散布到人们生活的周围环境里，就很容易沾染到人的手上、衣服上和日常用品上，另外，通过狗毛、羊毛、干草、水等与人有接触机会的东西，也会沾染给人。如果人误食了虫卵，绦虫的幼虫就可寄生在人的肝脏、肺脏及其他器官，慢慢生长后变成像囊袋一样的肿块，里面充满了水样的液体。有的包虫囊肿可以长到几十斤重，压迫脏器。如果囊肿破裂，将引起非常严重的后果，甚至危及生命。

包虫病主要分为囊型包虫病和泡型包虫病，是棘球蚴病的俗称，包虫病严重危害流行区居民的生命健康，还制约着当地的畜牧业生产，成为制约西藏自治区经济发展、严重危害人民群众健康的重大公共卫生问题，是中国西部和西藏农牧区群众因病致贫、因病返贫的主要原因。

2016 年，在国家卫生健康委的高度重视下，相关部门组织全国 17 个对口援藏省市，协调近 300 名专家，完成了西藏首次包虫病流行病学调查，结果显示，中国是世界上包虫病高发的国家之一，西藏是中国包虫病流行范围最广、流行程度最重的省份（见表 7－2）。① 全自治区 7 个市地、包括墨脱县在内的 74 个县均有包虫病流行，是全国唯一一个全境流行包虫病的省份，人群患病率达 1.66‰，是全国平均水平 0.249% 的 6.92 倍，其中 94.06% 的包虫病发生在肝脏。② 包虫病已经成为制约西藏经济社会发展、严重危害人民群众健康的重大公共卫生问题之一。

① 张伟：《西藏包虫病人群患病率降至 0.26%》，中国新闻网，2020 年 1 月 19 日，http：//www.chinanews.com/sh/2020/01－19/9064623.shtml。

② 赵金辉等：《探寻林芝地区肝包虫病的 CT 征象及特点》，《西藏医药》2018 年第 39 卷第 6 期。

表 7－2　2004 年至 2017 年西藏地区包虫病发病数、死亡数和发病率统计　单位：例,%

西藏地区包虫病			
年份	发病数	死亡数	发病率
2004	2	0	0.0766
2005	5	0	0.1824
2006	2	0	0.0722
2007	7	0	0.2491
2008	1	0	0.0352
2009	6	0	0.2091
2010	25	0	0.8620
2011	11	0	0.3667
2012	34	0	1.1210
2013	56	0	1.8182
2014	111	0	3.5572
2015	170	0	5.3535
2016	145	0	4.4757
2017	273	0	8.2478

数据来源：根据公共卫生科学数据中心有关包虫病数据整理。http://www.phsciencedata.cn/Share/ky_sjml.jsp?id=8a47b989-40a6-4492-83e8-8eb7c9d11abb。

在西藏，牛、羊等动物通常存在被包虫病感染的机会，而居民常以牛羊或其他家畜内脏喂狗，这就使狗有吞食幼虫的机会，幼虫在狗的肠内发育为成虫，成虫的虫卵会随它们的排泄物排出污染土地、草地、水源、皮毛等；人如果与狗接触或者误食被污染的水和食品，牛羊在吃草时食入被污染的草或水，就有可能被感染。如此周而复始，造成包虫病在西藏农牧区的扩大和蔓延。包虫病可在人体内潜伏数年乃至数十年，对人体的危害不容忽视。

面对这一严峻形势，在中共中央和国务院高度关注下，西藏自治区党委、政府郑重承诺“决不把包虫病带入小康社会”，专门成立了包虫病综合防治工作指挥部，协同自治区农业农村、公安、水利、教育厅等17个部门，按照“党委领导、政府主导、部门协助、全社会共同参与”的工作机制，在全区范围内开展人群查治、传染源管控、健康教育等综合防治工作，全面打响包虫病防治攻坚战。①

自2017年起，在中央政府及对口援藏省份的支持下，西藏逐步建立了政府主导、部门联动，全社会共同参与的包虫病综合防治工作机制。三年来完成了全区2岁以上，共计290余万人包虫病筛查全覆盖，并对检出病例采取分类治疗，确保患者“无预约、无等候、零支付”就诊。2019年12月该自治区包虫病防治成效评估报告显示，西藏包虫病综合防治工作有效降低了人群患病率，促进流行区人居环境获有效治理，牧区民众健康理念加强，各地流浪犬数量大幅减少，饮水安全得到进一步保障，现代畜牧经济观念和家畜屠宰检疫理念正在形成。截至2019年底，包括墨脱县在内的全自治区包虫病人群患病率已降至0.26%，西藏包虫病高发态势得到了有效控制，兑现了决不把包虫病带入全面小康社会的承诺。

从国家和自治区层面来看，根据国家相关文件精神，西藏自治区卫生健康委负责制定了《西藏自治区包虫病综合防治工作方案（2017—2020年）》和《西藏自治区包虫病综合防治技术方案（试行）》，为科学规范开展包虫病综合防治工作提供技术支持和指导。

根据自治区各级医疗机构的能力和现状，包虫病指挥部办公室制定了《西藏自治区包虫病患者救治管理办法（试行）》，评估确定13家医院为包虫病外科手术治疗定点医院，要求各定

① 袁海霞：《“决不把包虫病带入小康社会”——我区开展包虫病防治记》，《西藏日报》2020年3月3日第5版。

点医院开通绿色通道，设定专用病床，责任落实到人，精排工期，精确安排每月、每周的手术治疗量，让患者“无预约、无等候、零支付”接受治疗，为广大患者提供了免费救治政策。

据统计，目前西藏自治区完成包虫病患者手术救治 5057 例、药物治疗 15421 例，70 个县包虫病患病率降至 1% 以下，人群患病率从 2016 年的 1.66% 降至 2019 年底的 0.26%，包虫病高发态势得到有效遏制。①

从林芝市和墨脱县层面来看，包虫病综合防治工作在林芝市包虫病综合防治领导小组及县委、县政府的领导下，建立了全社会参与的长效机制。包虫病防治工作通常要做到“四早”，即动员部署早、签订责任书早、物资采购早、人群包虫病筛查启动早。墨脱县包虫病防治工作主要采取以下四项措施。

第一，切实加大政府投入力度，加紧开展流浪犬捕捉收容工作。墨脱县委、县政府高度重视包虫病防治工作，根据《关于近期在全市范围内开展流浪犬集中捕捉工作的通知》和西藏自治区第八次包虫病综合防治推进会精神，墨脱县委副书记、政府县长魏长旗第一时间做出指示，加紧开展流浪犬捕捉收容工作。2017 年 11 月 27 日—2018 年 1 月 13 日共捕捉 795 只，政府投入解决 268320 元；2018 年 4 月 23 日—6 月 29 日，共捕捉 171 只送往察隅县收容中心，经政府同意，从重大公共卫生专项经费中列支 172376.7 元；2018 年 7 月 1 日—8 月 7 日共捕捉 134 只，已运往察隅县流浪犬收容中心。每批捕捉的流浪犬送出之前由包防办、公安局、农牧局进行查验、消毒和投驱虫药。

第二，加强对确诊患者的治疗和管理。2017 年墨脱县开展了全人群包虫病筛查，筛查出疑似患者 7 例，通过上级确诊 4 例。截至 2019 年，组织县疾控中心定期开展随访督导 16 余次，

---

① 袁海霞：《“决不把包虫病带入小康社会”——我区开展包虫病防治记》，《西藏日报》2020 年 3 月 3 日第 5 版。

发放药物 305 盒。

第三，切实加强宣传，提高自我防护意识。墨脱县针对不同人群采取多种有效的方法，开展宣传和普及预防包虫病的知识。通过专题讲座、健康咨询、设立宣传栏、张贴宣传画、发放宣传材料、开展健康教育等多种形式、多渠道，利用双语普及包虫病防治知识与政策宣传。一是各乡卫生院已经开展了多次包虫病防治知识专题讲座；二是动员村级包虫病防治知识宣讲员（村医）为本村群众开展宣讲；三是协调驻寺工作队对寺庙僧尼通过采取培训、座谈等方式普及包虫病防治知识；四是组织各乡卫生院、县疾控中心深入各级学校开展了学生健康教育宣讲；五是县卫生服务中心在开展城乡居民暨在编僧尼健康体检时同步开展预防包虫病等疾病预防科普知识宣传，有效提高群众的健康意识和健康观念。

第四，切实加强培训，提高防治人员水平。经县政府同意，县疾控中心组织开展了对县医院、各乡镇卫生院、村医、专业技术人员进行包虫病防治一期培训，部分乡卫生院还组织村医、村“两委”干部讲解什么是包虫病、包虫病危害、包虫病传播途径、防治措施等。2019 年共开展健康教育 6 次，受益人数 540 人次，各乡包虫病业务督导 1 次、行政督导 1 次，取得了阶段性成果。

2. 结核病和麻风病现状调查取得初步成效

结核病是由结核杆菌感染引起的慢性传染病。结核菌可能侵入人体全身各种器官，但主要侵犯肺脏，称为肺结核病，又称为痨病和“白色瘟疫”。麻风病则是由麻风分枝杆菌引起的慢性传染病，主要侵犯皮肤、外周神经以及多菌型麻风（MB）的上呼吸道。麻风病主要通过上呼吸道或密切接触传播，发病后如未及时治疗和处理，可致严重的畸残。

早期医疗卫生条件有限，墨脱县医疗机构不能给结核病和麻风病人开展有效方法治疗，造成了结核病和麻风病在该县的广泛存在和传播。为充分掌握全县结核病和麻风病患者情况，自 1989 年墨脱县卫生防疫站成立以来，县防疫站每年都会开展详细的结核病和麻风病调查，为有效控制结核病和麻风病的传播和发展作出了贡献。2019 年墨脱县疾控中心资料显示，墨脱县完成了对全县麻风存活病人现况调查，应查例 13 病人，实查 13 人；开展了麻风病人随访和慰问 2 次，密切接触调查 41 人。全县麻风病发病率从 0.7% 下降到 0.13%，平均每年递减 0.081 个百分点。墨脱县结核出诊患者 53 人、确诊结核病人 24 人，其中痰检阳性 6 人。全县对结核普通人群进行了情况筛查，筛查人数共计 9210 人，其中有症状者 5 人、X 胸片检查 5 人、痰检 5 人，发现疑似患者 1 人、肺结核阳性数为 2 人。重点人群结核主动筛查系统已录入 9210 人。截至 2020 年第一季度，墨脱县疾控中心已针对结核病防治开展了相关工作，管理结核病人 7 人、随访痰检 25 人次，对县卫生服务中心 6 名医护人员督导、培训结核病诊疗的管理和追踪 1 次。

针对结核病和麻风病的现状调查有效帮助了墨脱县医疗卫生和防疫机构对全县医疗资源管理、监督和调动，增强了对结核病和麻风病人病情现状的掌握，有利于实现精准治疗，大大降低了病患的发病率和病死率，提高了当地群众的健康水平和生活质量。

3. 艾滋病防治和保障工作力度大

墨脱县疾控中心设立有艾滋病初筛科室，并有 1 名专业人员进行管理和筛查工作。疾控中心不仅制定了落实艾滋病病毒感染者和病人及受影响儿童的生活救助相关政策，而且努力消除社会大众对受艾滋病影响儿童的社会歧视，积极开展相关宣传、依法保护艾滋病咨询及筛查隐私。截至 2020 年第一季度，疾控中心共干预 3 家娱乐场所、干预人数 28 人，检测 6 人，发放宣传册 140 份、安全套 560 只，干预覆盖率为 100%。疾控中心还对看守所按期进行筛查和干预，检测羁押人员 10 人。该县自愿咨询检测 7 人，疾控中心为自愿检测人员发放安全套 200 只、宣传画和宣传册 300 余份。墨脱县县财政局每年都从公共卫生经费中拨付不定额的经费用于艾滋病防治工作，与县疾控中心一道共同为开展艾滋病防治工作提供了经费和医疗防治的保障。

4. 鼠疫防治工作制度责任到人

每年 3 月份是西藏地区集中采挖虫草的季节。虽然墨脱县地理环境等因素不涉及虫草的采挖，但为了引导群众野外活动和参加异地采挖时避免接触或剥食病死、不明野生动物，加强群众对旱獭（西藏传播鼠疫主要宿主）、鼠类等啮齿类动物传播疾病危害及预防意识，县疾控中心都会加强防范鼠疫传播的相关宣传工作，墨脱县各乡卫生院责任人会形成“鼠防责任制”。每年的 4—11 月，相关部门都会对鼠疫防治工作实行日报告和周报告制度，并对各乡鼠防应急物资储备情况、鼠防知识了解情况、首诊责任落实情况、疫情处置门诊规划情况等进行督导。

（三）传染病防治取得宝贵经验，有效助力脱贫攻坚

截至 2020 年 10 月，新冠肺炎疫情仍处于“外防输入、内防反弹”的关键时刻，同时 2020 年不仅是我国实现消除疟疾目标年，更是脱贫攻坚的收官之年。墨脱县在医疗卫生建设和传染病防治方面采取了一系列有效措施，总结了丰富的医疗健康和传染病防治经验，为有效遏制当地疟疾、包虫病等疾病和疫情对农牧区群众身体健康危害作出了重要贡献，也为农牧区群众打好脱贫攻坚战打下了良好的医疗卫生基础，防止了困难群众因病致贫、因病返贫，提前完成了消除疟疾的既定目标，并在包虫病、结核病和麻风病等传染病防治方面提供了丰富经验。墨脱县医疗卫生建设和传染病防治经验总结如下。

第一，建立健全传染病疫情防控网络，形成多部门之间相互协调新模式。为有效防控传染病等疫情的暴发和治疗，墨脱县积极组织建立健全疫情防控网络，形成了相关组织和领导为疫情防控网络总指挥，各乡镇、各部门为传染病疫情防控网络重要组成部分的网络机制。在相关组织和领导的指挥下，墨脱县传染病疫情防控网络协调能力强、应急反应迅速，并建立应急领导小组、医疗专家组，这成为传染病疫情早发现、早报告、早隔离、早治疗“四早”的关键。

第二，积极推动预防传染病预防性接种工作的开展，加强传染病人群筛查、救治和管理。预防接种是预防传染病最直接、传统、有效的措施。目前墨脱县预防性接种疫苗种类共有10种，分别是乙肝疫苗、甲肝疫苗、百白破疫苗、麻风疫苗、麻腮风疫苗、脊髓灰质炎疫苗、A群流脑疫苗、A+C群流脑疫苗、白破疫苗和卡介苗，为当地群众健康防疫形成了坚实保障。目前墨脱县传染病患者以结核病为主，其次为麻风病、包虫病等。墨脱县相关卫生机构每年会不定期在学校和乡村进行结核病、疟疾、艾滋病、包虫病等筛查工作，包括镜检和B超，并对传染病患者进行建档、定期随访和发药等。

第三，加强传染病监测和媒介监测工作，形成监测制度化、网络化。目前国家规定的甲、乙、丙类三种传染病种类共40种，都在墨脱县传染病监测的范围内。墨脱县传染病监测形式主要有日报告、周报告和网报，并建立了县、乡医疗部门传染病监测网络。该县的媒介监测主要包括疟疾（捕捉按蚊分类、种群、密度等调查）、包虫病（狗粪采样、鼠密度调查）和鼠疫（鼠密度调查、旱獭制品多部门暗访调查）。

第四，加快应急队伍建设，做好传染病流调工作。墨脱县每年都会对7乡1镇卫生院和村医开展疾控业务培训一次，加强相关专业人员疫情防控意识和基本传染病应对措施。县疾控中心不定期还会开展突发公共卫生事件应急演练，以加强应对传染病组织协调能力和应急反应，并不定期对各乡卫生院模拟演练进行暗访调查。专业人员还会到上级组织机构，如市、自治区疾控中心参加培训等，以加强应对传染病队伍的建设。墨脱县疾控中心积极开展发热疑似传染病报告病例流行病学的调查工作，对疑似传染病病例发生的时间、地点、人群分布进行相关调查，并就甲类、乙类、丙类传染病病种作初步判定，提出隔离、休学、转院等救治意见，并就相关情况向卫健委、市级疾控中心等上级进行上报。

第五，开展预防性宣传、干预、督导和消毒工作。墨脱县每年除定期开展各种传染病宣传日宣传外，还会不定期以单位自行或多部门联合方式走村入户、走访街道、学校等，进行传染病预防知识的宣传。宣传方式主要包括悬挂横幅、主题演讲、微信公众号发表文章、发放宣传单、宣传礼品等。墨脱县相关部门还对包括学生、相关从业人员在内的重点人群，和包括娱乐场所、看守所、学校等在内的特定区域进行不定期的个人卫生、环境卫生和健康保健的督导工作。针对在墨脱县进行污物排放的单位，以及学校、客运站等的堆放区和公共场所开展不定期消毒。

自2019年12月新冠肺炎疫情暴发以来，墨脱县疾控中心按照自治区、市、县党委政府、上级疾控部门新冠肺炎疫情防控工作安排部署要求，逐级成立了防控领导小组、制定了疫情防控方案，以“外防输入”为防控策略，采取了早发现、早报告、早隔离、早诊断、早治疗、早控制的“六早”工作原则，并进行了公共场所预防消毒和预防宣传工作。公共场所累计消毒152次、出动预防消毒人员201人次、累计消毒面积249690平方米，走村入户、街道、各场所预防新冠肺炎疫情宣传20余次。疫情防控期间，县疾控中心开展了专业技术人员培训16期、80人次，加强了应急队伍建设和疫情防控物资储备及投放工作，及时更新防控方案知识和防控技术操作指南。截至2020年10

月底，墨脱县未发现新冠肺炎疫情确诊病例，有效落实了新冠肺炎疫情防控责任，取得了良好效果。

墨脱县防治传染病取得的积极成效和宝贵经验保证了当地人民的身体健康，对于各族群众积极参与和推动脱贫攻坚战、对于墨脱县打赢脱贫攻坚战具有重大基础性意义。

八　墨脱传统民族文化保护和传承

对绝大多数人来说，墨脱如其名称所言，是一块既神秘又神奇的土地，同样神秘而神奇的，是门巴、珞巴等少数民族所创造的丰富多彩的民族文化。门巴、珞巴民族文化内涵丰富，特色鲜明，生命力强，是中华民族传统文化的重要组成部分。随着墨脱县脱贫攻坚取得决定性胜利、墨脱各族人民摆脱贫困，党和政府也更加重视门巴、珞巴民族文化的保护和传承。多年来，在社会各界的参与下，门巴、珞巴文化在与其他民族的文化交流与互动中展现出更大的魅力。

（一）内涵丰富的墨脱传统民族文化

民族文化是各民族在长期的发展过程中所形成的，包括建筑、饮食、服饰、娱乐、节庆等物质文化，也包括传统习惯、礼仪、宗教、公共道德和价值标准等精神文化和制度文化。由于各民族所处地域和发展历史的差异，形成了丰富多彩的民族文化。墨脱的传统民族文化主要指门巴族、珞巴族、藏族等创造并世代相传的各类文化，简称为门珞文化。

（一）墨脱主要民族概况

1. 门巴族

门巴族是中国少数民族之一，其最大聚居地为墨脱。“门巴”是藏语译音，“门”指地势低凹的山谷、森林浓密之地，即喜马拉雅山脉以南至中印传统边境线、不丹及以东的珞瑜广大地区。“门巴”即“门隅地方的人”。门巴族是青藏高原的古老民族，早在7世纪吐蕃王朝以前就生活在藏南的群山密林中。约200年前，一部分门巴族从主隅和门隅地区迁到墨脱，最后形成墨脱和门隅（包括主隅）两个聚居地。历史上，门巴族以农业为主，尚处于铁器、木器并用，以木制农具为主的刀耕火种的阶段。因交通极为闭塞，与外界联系非常少。西藏和平解放后，在党和政府的领导关怀下，门巴族人民生活发生天翻地覆的变化。特别是墨脱公路的开通，使“高原孤岛”的墨脱地区摆脱了千百年来基本与外界隔绝的状况。门巴族有本民族语言但无文字，门巴语属汉藏语系藏缅语族藏语支。历史上，藏族宗教文化对门巴族影响较大，门巴语中有30%的词语源于藏语。

2. **珞巴族**

珞巴人大多居住在西藏东南部，具体是在珞瑜地区和邻近的察隅、墨脱、米林等县。“珞巴”这个词来自藏语，指“南方人”，系藏族同胞对珞巴人的称呼。珞巴族世代在喜马拉雅山麓繁衍生息，因山高林密，地理蔽塞，同外界鲜有交流，经济社会较为落后。即使在20世纪50年代，刀耕火种依然是珞巴族各部落主要的农业生产方式，种植玉米、旱稻及杂粮。珞巴族有自己的民族语言，属于汉藏语系。因地域不同，珞巴语也有方言区别。墨脱县北部的珞巴人多使用藏语。西藏和平解放后，米林、墨脱、隆子等地的珞巴人民获得了新生，政治、经济和文化事业都获得了巨大发展。20世纪末，珞巴族已有了自己的医生、教师、文艺工作者和专业技术人员。

（二）墨脱传统文化的丰富内涵

根据中外学者们的研究，墨脱门珞传统文化历史悠久，内涵丰富，特色鲜明，主要包括以下几大类。

1. 原始宗教文化

宗教文化是门珞两族传统文化的基础。两族人民信仰原始宗教，崇尚万物有灵，随之产生了各种祭祀仪式和繁缛的巫术活动，深刻地影响着民族社会生活的方方面面。门巴族认为，天地万物皆有神灵，人间一切灾祸和病痛皆源于鬼神降罪人间。门巴人经常用纸糊面具和各式贡品进行占卜。起初，门巴族信仰白教（噶举派），迁到墨脱之后，白教也随之被传入墨脱。之后，墨脱被置于波密土王的掌管之下，门巴人改信宁玛派（红教）。如今，在危险的山口或路段旁，经常可以看到悬挂经幡和堆积起来的大大小小的玛尼石堆。这些都是门巴人路过时悬挂或堆放的，用于消灾。现在，门巴人普遍信仰藏传佛教，少数仍信奉原始苯教。

珞巴族的传统宗教，包括自然崇拜、图腾崇拜和祖先崇拜。自然崇拜是珞巴族先民最早的宗教信仰，在其观念中，大自然中的日月星辰、风雨雷电、山川树木、自然现象都有神灵存在，它们各有分工，各司其职，互不隶属，都成为珞巴人的崇拜对象。珞巴族各部落崇拜的图腾各不相同，主要有虎豹、野牛、野熊等动物以及太阳、月亮等，有30余种。祖先崇拜是珞巴族父系氏族取代母系氏族后出现的一种重要原始宗教信仰形式，是在灵魂不死的观念基础上发展起来的，其本质是要寻求神灵的宽恕和保佑。

随着社会的发展和时代的变迁，墨脱门巴人、珞巴人的信仰已悄然发生变化，年轻人基本上不再相信精灵，巫师也已经退出了社会生活的舞台，“米剂”（卜卦师）和“纽布”（祭司）已经基本消失。藏传佛教慢慢渗透到米林珞巴族的生活之中，信仰人数在日渐增加。

2. 传统民间文学、戏剧歌舞

由于门珞两族长期处于原始社会时期，只有语言，没有文字，因此民间文学艺术成为记录、延续民族传统文化的重要内容，主要包含着对自然、宗教、生活与实践经验的认知以及审美情趣等内容。门巴族民间文学主要有神话、传说、故事、诗歌等，其中萨玛酒歌、叙事长诗等较为重要。门巴族有许多神话传说，较为典型的就是《镇压妖女》《吉萨格来》，讲的是门巴族人民塑造的一位为民除害的英雄，其除妖过程充满了惊险感人的情节。

珞巴族民间文学的主要形式是神话、传说，其中创世神话和祖先神话影响最大。神话传说是珞巴族古老的文学形式，反映了珞巴族从开天辟地以来的历史变迁以及征服大自然的英勇气概。珞巴族还有篇幅宏大的史诗，最有代表性的是博嘎尔部落的《创世记》。谚语和谜语则是珞巴人生产生活经验和智慧的结晶。

珞巴族没有自己的文字，关于本民族的传说、历史故事等只能靠口头传颂，代代相传。其中，最有特色的是歌颂珞巴祖先丰功伟绩和美德的生动事迹，经过世代流传，阿巴达尼传说成为珞巴族最具影响力的神话。博噶尔部落中，广为流传的阿巴达尼传说有十余个。事实上，珞巴人的始祖传说已渗透到珞巴族生活之中，就像一面镜子，折射出其民俗生活的方方面面。珞巴族始祖传说已成功申报国家级非物质文化遗产保护项目（民族文学类）。除国家级非遗项目外，墨脱县文旅局还积极推荐县级的非物质遗产项目申报。2020 年 6 月，墨脱县评审专家组一致同意，决定推荐申报“门巴老调”为县级非遗项目，次仁央吉（央吉玛）为此项目传承人。

此外，以仓央嘉措诗歌为代表的名人文化也是墨脱民族文化的一张亮丽的名片。仓央嘉措（1683—1706 年?）门巴族，六世达赖喇嘛、西藏家喻户晓的诗人、政治人物。仓央嘉措是西藏最具代表性的民歌诗人，写了很多细腻真挚的诗歌，其中最为经典的是拉萨藏文木刻版《仓央嘉措情诗》。仓央嘉措的诗歌，不仅在藏族文学史上有重要的地位，而且在海外也有很高的知名度。

舞蹈与门巴族日常生活密不可分，与曲调多样的民歌相伴，多用于祭祖，墨脱地区将这种祭祀舞蹈称作“夜枪”“卓枪”。门巴舞蹈还有东西“果谐”之分，其中东部“果谐”节奏欢快，音乐类似藏族的“锅庄”；相比之下，西部“果谐”音乐较为抒情、轻松。在民间，还有一些集趣味性、知识性和娱乐性为一体的歌舞，深受民众的喜爱。

门巴族的传统音乐以民间音乐为主，内容丰富，形式多样。门巴族的民歌和音乐通常也被称作“萨玛”。门巴人喜爱歌舞，劳动、建屋、婚丧嫁娶等场合都少不了“萨玛”。门巴人的歌舞按内容可分为以下几类：酒歌、山歌、劳动歌、情歌等。其中，山歌曲调宽广、重抒情，一般是门巴人在砍柴、放牧和割草时吟唱来排解寂寞。情歌，顾名思义是门巴青年男女表达爱慕之情时所唱，曲调优雅动人。

珞巴族的歌舞音乐呈现鲜明民族特色，是其精神文化不可或缺的部分。无论是在日常劳作、节日庆典，还是宗教仪式，都可以看到民间歌手的身影，独唱、对唱及排唱，形式多样，内容丰富。更值得一提的是，民间歌手还往往会临场发挥、即兴表演。珞巴族歌曲的内容多源于本组的神话、传说，也从现实生活中获取素材，多方面表现出了珞巴人绚丽多彩的生活。

3. 传统服饰文化

门巴、珞巴两族人民在漫长的生活实践中学会了利用当地的植物纤维、兽皮、贝壳等天然材料制作服饰。从门巴族的氆氇长袍、牛皮长筒靴，到珞巴族的羊毛织无袖套头坎肩、熊皮盔帽，都反映出强烈的地域适用性和实用性，表现出独特的民族文化心理和朴素的审美观。门巴服装编织已成为墨脱县“非遗项目”。门巴服饰编织非遗传承人姑姆在接受媒体采访时说，门巴族服饰的传承也面临一些问题，比如原料短缺、后继乏人，但现在不少青年人，尤其是大学生比较关注本民族文化，因此她对传承门巴服饰文化充满信心。2020 年 6 月，墨脱县妇联联合县文旅局组织开展为期 10 天的墨脱县“非遗项目”门巴服装编织培训。其间，对门巴族非物质文化遗产民族服装、民族刺绣等专业理论知识基础进行了系统实训和实践传授。有姑姆这样有抱负的非遗传承人，有越来越多的门珞青年对本民族服饰文化的喜爱，加之墨脱政府的支持和帮扶，门珞传统服饰文化的传承大有希望。

4. **传统民俗文化**

民俗是人们在历史发展中形成的习俗惯制，能充分体现某一地域或民族的心理和性格特点及审美情趣的文化现象。墨脱门珞民俗文化主要包括饮食文化：石块烙饼、饭坨等食材，石锅、木碗等器具；以三层吊脚竹（木）楼为代表的居住文化；礼仪民俗（婚丧嫁娶、人生礼仪、节日游艺等）以及民族传统体育文化。

石锅加工是门珞民族广为流传的传统手工工艺之一。制锅材料是产于雅鲁藏布江两岸陡壁悬崖上的天然皂石。石锅是墨脱县门巴、珞巴民族生产生活的主要灶具，门珞民族用石锅做饭、烧菜。这种近乎原始的生活方式，在墨脱却世代相传，即便是金属锅大量运入，人们对石锅还是情有独钟。

节日文化是珞巴族区别于其他民族的最明显的特征之一。珞巴族民族节日较多，因居住分散，各地年节日期不尽相同。每年藏历 10 月 1 日，就到了最著名的“工布节”。这是工布地区（包括林芝、米林、江达等一带）最重要的节日，林芝地区的企事业单位都会放假，城市、乡村到处都沉浸在欢乐的节日氛围。

到 2019 年，墨脱镇墨脱村的“达羌”民俗文化节已成功举办 8 届，涵盖射箭、抱石头、扳手腕、拔河等传统体育活动。“达羌”民俗文化节也已变成门巴族庆祝丰收、祈求来年五谷丰登的综合文化活动，对发扬民族文化起到了积极作用。此外，

“达羌”也体现了门巴农牧民爱国爱边、不断进取的精神面貌。

5. 传统建筑和造物文化

门珞两族传统建筑和造物文化主要包括传统村落、藤网桥、珞巴竹楼等建筑。民族传统造物工艺如竹编、纺织、弓箭等都是宝贵的民族文化遗产。墨脱地区多树多竹，门隅腹心的竹器编织业比较发达。德兴纳山盛产竹藤，珞巴、门巴手工艺人编织的竹器、藤器远近闻名。在雅鲁藏布江上，一条藤网桥已有300多年的历史，成为竹藤编织历史和德兴人智慧的见证。德兴门巴群众利用竹藤编织的生产、生活用品琳琅满目，形态各异，或圆柱形，或扁圆，或方形，堪称一件件艺术品，已经成为德兴一张亮丽的民族文化名片。竹编成品具有简单、轻便、实用之特点，深受群众的喜爱。珞巴族竹编制品在保持民族特色的基础上显得十分的适用和美观大方，较好地满足了珞巴族生产生活的需求。

由于较低的城镇化率，墨脱地区与外部的交流较少，本地文化较为完整地保存下来，这为墨脱地区旅游业的发展提供良好的资源条件。

（二）多举措多渠道保护和传承墨脱传统文化取得可喜成果

保护和发展传统文化是中国共产党对西藏工作的重要内容，也是援藏工作的一个重点。在精准扶贫大背景下，传统民族文化在墨脱地区摆脱贫困中发挥了独特的作用，其更大的潜力正在被进一步挖掘。门珞传统文化的魅力让不少民众都对其产生浓厚的兴趣，这就为民族文化的保护和传承营造了良好的氛围。

（一）保护和发展传统文化是西藏文化发展的重要组成部分

西藏自治区成立55周年来，特别是党的十八大以来，自治区加大了保护和弘扬西藏传统优秀文化的力度，西藏各项文化事业出现了一派繁荣景象，全区各族民众的文化生活丰富多彩。西藏自治区还组织人员搜集、编纂和出版了《中国民间歌谣集成·西藏卷》《中国戏剧志·西藏卷》《中国少数民族古籍总目提要·门巴族珞巴族卷》等。这些著作的编撰对于保护传承西藏各族人民的优秀传统文化功不可没。

西藏的非物质文化遗产非常丰富，是西藏各族人民世代相传的文化传统，是中华民族优秀文化传统的一部分。2011 年《中国非物质遗产法》正式施行。2014 年，西藏自治区政府出台了具体实施办法，为保护和传承各民族的非物质文化提供了法律保障，使得文化的保护和传承法律化和规范化。此外，西藏建成了自治区、市、县、乡四级公共文化设施，其中每个地市有博物馆、图书馆和群艺馆，每个县设综合文化活动中心，每个乡建起了综合文化站。这些“硬件”设施的提供，为展示、传播传统文化提供了平台，为民众参与丰富多彩的传统文化活动提供了舞台。

（二）“文化援藏”为墨脱传统民族文化的保护传承提供宝贵支持

西藏边疆民族地区文化事业的发展离不开党和各级政府的关怀和全国人民的支持。尤其是中央第三次西藏工作座谈会后，中央举全国之力支援西藏，在支援西藏经济建设的同时，文化援藏也成为支援西藏发展的重要方面。需要指出的是，文化援藏不是支援方将文化直接输入受援方，而是支援方在人力、物力、财力等方面，大力支持西藏的文化保护、文化发展、文化交流，建设中华民族共同的精神家园。广东省的援藏项目与墨脱的传统文化旅游资源密切融合，墨脱也由此诞生了一系列新地标、新窗口。比如秘境墨脱、雅鲁藏布江母亲广场、魁星阁、墨脱天梯、白玛岗城市中央公园。这些项目，既是民众休闲的好去处，也是游人了解和体验当地文化的打卡之地。墨脱县门珞文化历史博物馆（莲花阁）总投资750万元，于2013年年中正式对外开放，集中展示门珞文化精髓，现已成为墨脱县一处文化旅游胜地。设置在雅鲁藏布江母亲广场的“墨脱门珞服饰加工展销中心”，还成为生产、展示、销售和推广门珞民族服饰文化的重要基地。上述援藏项目在保护、传承和宣传当地民族传统文化方面发挥了重要作用，提高了当地的知名度和影响力，促进了当地文化旅游的发展，对当地民众脱贫致富也贡献良多，受到了墨脱民众的欢迎。不仅如此，广东援藏工作组还加大了基层文化援藏项目的实施，帮助一些乡镇建设乡镇级、村级的文化活动中心，丰富了当地群众的文化生活，切实践行了门珞民族传统文化传承和发展要从基层民众做起的理念。

（三）传统民族文化的保护传承与精准扶贫有机结合

十八届五中全会通过的《中共中央关于制定国民经济和社会发展第十三个五年规划》指出，民族地区要实现精准脱贫，就要将发展民族传统手工艺和特色农业作为主要抓手和重点。有鉴于此，根据自己的特色优势，德兴乡大力发展竹编和藤编产业，目的有二：其一，竹编和藤编是门珞民族历史悠久的传统技艺，一定要保护好、传承好这些技艺，并在新的历史时期发扬光大；其二，在党的精准扶贫政策的指引下，竹编藤编可以作为脱贫攻坚的利器，但其首先要摆脱一系列制约因素，例如技艺陈旧，亟待更新和与时俱进，市场狭窄需要进一步的开拓。为此，墨脱县委、县政府在福建省第六批援藏工作队的支持下，德兴的竹编和藤编民族文化工艺迎来了千载难逢的发展机遇，主要有三个方面：一是手工艺人得到了技术培训；二是生产硬件的提升，新厂房的建立，使得竹编、藤编摆脱家庭作坊式的束缚，实现了产业化；三是通过有经验的销售企业，打开外界市场，农牧民的收入也得到增加，得到了实惠。

墨脱县德兴乡的这些做法收到了实效，也得到了林芝市委、市政府认可和资助。新的、更大规模的竹编、藤编加工厂在德兴村设立，随后加工厂又申报了竹藤编合作社。合作社又向外辐射，吸引了中东农牧民加盟，为他们提供技术培训，帮助群众销售竹藤编产品。合作社还通过招商引资，引进北京邓小林竹藤家具厂。在新型工艺、新建加工机具和更广阔市场的助推下，德兴的竹编藤编加工不断得到了拓展和提升，形成了“公司+农户”的竹藤编发展新模式。在此模式下，原材料由公司统一采购，加工成篾条凳、藤条凳，免费发给农户；农户加工好的竹藤编器具由公司负责销售。此外，公司还经常组织农户进行技能培训，开发新产品，走上了一条绿色可持续的发展道路，大大提高了竹藤编的产业化、技术化和市场化。可以说，竹编产业的扶贫效应已经初步显现出来。

（四）民间团体和个人参与保护和传承民族文化

民族文化的保护和传承，不能仅仅依靠政府层面的工作。事实上，民间团体和热爱民族文化的个人也可以大有作为。例如，在保护门巴族的原生态民歌和舞蹈中，就活跃着一个民间社团的身影。墨脱 MTO 影音团体是墨脱第一个民族文化保护协会。自 2009 年成立以来，该社团为继承和保护门珞文化一直在努力，先后收集了大量即将失传的民歌，如《朋友做客我家》、《浪人之歌》、《相聚之歌》和《岗拉梅朵》。社团成员还走村串户，搜寻民间故事和笑话，录制《门巴族笑话集》并在网上发布，广受好评。2013 年和 2015 年，墨脱 MTO 影音团队积极协助墨脱县全国政协和人大两委员格桑卓嘎、白玛曲珍女士积极走访调研，共同撰写完成《关于传承保护门珞较少民族文化的提案》。该提案在全国两会受到媒体和各人口较少民族的关注，一些保护传承民族文化的工作得到了具体落实。2016 年，墨脱 MTO 影音社团，在德兴乡德兴村群众的配合下完整收录《祝福吉祥》、《金山银山莲花宝地》、《阿喜朗色》、《罗亚秀》和《赞美之歌》等原生态舞蹈，为今后借鉴和考察门巴族文化保留了重要文献。

社会各界人士也以描述性的纪实报道、小说等形式对墨脱民族传统文化的挖掘做了许多工作。例如，藏学家、民俗学家和民间文艺家廖东凡先生的《墨脱传奇》，赵胜启的《灵异的墨脱——体验西藏》，广东省第八批援藏工作队墨脱县工作组“佛墨缘”系列丛书《印象墨脱》，对传播墨脱门珞传统文化都起到了积极的作用。安妮宝贝的《莲花》、何马的《藏地密码》以神秘文化为题材的旅游文学，也唤起了不少人对西藏和墨脱的向往。

2013年，受第6批援墨工作队的邀请，毕业于南开大学天津书画学院的江苏人王学忠来到墨脱，负责援藏项目墨脱门珞历史文化遗产博物馆的设计与建设，经过两年的努力，墨脱的地标性建筑门珞历史文化遗产博物馆矗立在县城旁边的小山坡。博物馆建成后，墨脱独特的自然环境和丰富多彩的门珞文化深深吸引了王学忠，他成立了大藏文化艺术设计有限公司，经营墨脱的文化产业，凡是与墨脱旅游文化有关的产品，他都在经营，此外，王学忠还对门珞历史文化进行深层次的研究，撰写了近百万字的门珞历史文化研究手稿。

可以说，墨脱悠久而神秘的门珞传统文化正吸引着越来越多的人来体验和研究。保护和传承门珞文化，不仅仅是这两个少数民族民众的事，它也日益成为热爱门珞文化的各行各业的人的共同事业。

（三）进一步促进墨脱传统文化保护传承的思考和建议

墨脱传统文化的保护和传承是在保护和发展西藏文化的大

背景下实施并取得成果的。通过“文化援藏”，一大批文化设施得以建成，墨脱传统文化保护传承的物质基础得到了明显的改善；通过“传统民族文化的保护传承与精准扶贫有机结合”，门珞人民在传承民族手工技艺的同时增加了收入，得到了实惠，脱贫和奔小康的道路越走越宽；通过“民间团体和个人参与”，门珞青年对本民族的文化更喜爱，更有认同感，自觉和积极地投入保护和传承本民族文化的事业之中。民间团体的参与，还有助于将墨脱文化通过各种自媒体方式传播到全球各地，让更多的人了解神秘而神奇的门珞文化。

不过，墨脱文化保护与传承也面临挑战。首先是民族文化传承面临人才匮乏的现实。2020 年 10 月，在中国社会科学院西亚非洲研究所调研组同墨脱政府各部门的一次座谈会上，墨脱县政府副县长李勇坦言，虽然墨脱在保护民族文化方面取得了很大的成绩，但民俗文化保护和传承压力比较大。门珞民族干部少，也没有专门负责文化保护这项工作民族干部。民族文化传承人出现断层，随着老艺人的离世，一些原生态的舞蹈、音乐、手艺很可能就会随之消亡。可以说，培养民族文化传人迫在眉睫。

其次，经济社会发展对传统文化有所冲击。经济社会发展对传统文化的冲击是任何民族文化都难以避免的客观存在，墨脱传统文化同样如此。主要表现在以下几个方面。其一，一方面，基础设施的改善，特别是墨脱公路的开通，成为墨脱历史上划时代的事件，对改变门珞民族的落后面貌做出巨大贡献；但另一方面，城镇化的加快，民族文化固有的原生态的一些内涵就会受到影响。门巴族、珞巴族一些民众逐渐离开其文化的起源地到城镇定居，其生活方式、思想观念也发生着一些变化。其二，随着大众传媒的普及、人员流动的增多以及与外界交流的日益频繁，墨脱民众接触到全国其他地区不同文化的机会越来越多，其对墨脱县民族文化的本真性产生一定影响。其三，近年来，墨脱民族旅游发展迅速，在带动少数民族地区经济发展的同时，也对当地文化带来消极影响。例如，在旅游商品化的驱使下，民族文化的舞台化和商品化现象突出，以致出现伪民俗、伪民族特色等负面现象，扰乱和冲击了当地真正的民族特色文化，也不利于少数民族地区旅游业的可持续发展。

在取得民族文化保护和传承积极成果的基础上，考虑到存在的问题和挑战，未来墨脱民族文化的保护、传承和发展可以着眼于以下几方面。

首先，保护和传承民族传统文化在认识上站位应更高。要从弘扬中华传统文化和加强中华民族共同体意识的高度，认识墨脱传统文化的保护传承。习近平总书记指出，56 个民族不断交流交往交融，形成了多元一统的中华民族。中华文明历史悠久，是世界上唯一没有中断、发展至今的文明，要重视少数民族文化遗产的保护传承。习近平总书记明确指出“加强中华民族大团结，长远和根本的是增强文化认同，建设各民族共有精神家园，积极培养中华民族共同体意识”。从筑牢中华民族共同体意识的角度来看，56 个民族的优秀文化都应该得到切实尊重、保护及传承。各民族文化的差异性和多样性也应得到尊重和包容。只有这样，才能实现各民族文化的互学互鉴、和谐共生。这对于地处边疆的墨脱地区的门珞少数民族文化的保护和传承尤为如此。

其次，以可持续的文化旅游业助推民族传统文化的保护。对西藏而言，经济的发展、社会的进步和民生的改善，在很大程度上都要依赖特色支柱产业之一的旅游业。当前，需要解决的一个紧迫问题就是，如何在保护和传承民族文化的基础上，加快其商业化、市场化进程，进而要打造出各地游客能够深度参与、亲身体验的文化旅游项目，提高游客的满意度，促进消费，还能使群众通过演出获得报酬。同时，重点扶持当地居民开展门珞文化探访、民宿接待旅游业发展，并引导游客参与到门巴、珞巴、藏族同胞生活中，感悟原生态的门珞传统文化。另外，也可鼓励当地民间艺人和工匠开发附加值高、体现民族特色的文旅创意产品，激发农牧民的主动性和积极性，将特色农畜产品、土特产及工艺品纳入民族特色旅游的产业链中，使其成为旅游的参与者和获益者，提升其幸福指数。

值得注意的是，墨脱地区生物多样性非常丰富，原生态民族文化资源也比较多，但生态环境也有脆弱性。随着基础设施的改善，越来越多的游客涌入墨脱，虽然能带来旅游收入，但也要考虑环境的承载量，做到科学规划，合理开发墨脱的文化旅游资源。事实上，珞巴族在特定自然和社会环境中生成的传统文化，蕴含着丰富的环境保护的意识和观念。这是人类文化的宝贵财富，值得认真总结研究和挖掘利用。

再次，注重民族传统文化人才的培养。传统文化人才的培养，关系到民族文化发展的大局。民族文化的保护和传承，首先要依赖热爱本民族文化的人才。对本民族文化习俗的认知和获得，这是一个从小耳濡目染的过程，不可能一蹴而就。换句话说，保护和传承民族文化，要从娃娃抓起。2019 年 10 月，墨脱县委宣传部常务副部长丹增多吉前往墨脱县幼儿园开展“门珞优秀传统文化”宣讲活动，丹增多吉向小朋友讲解了墨脱县门巴族、珞巴族民风民俗和生产生活习惯等。民族文化进校园、进课堂，从小培养对本民族文化热爱，对于构建民族文化认同大有裨益。只有本民族对自己文化的认同度高，他们才会自觉地去保护和传承自己的民族文化。

最近，在社交媒体上，一些学校富有地方特色和民族特色的课间操非常火爆，如蒙古族小学的课间操，根据敦煌飞天造型创作的敦煌地区学校的飞天课间操一时之间成为网红，受到各界的好评。墨脱各民族都能歌善舞，也可以编排民族特色的课间操，在锻炼身体、愉悦身心的同时，也能让孩子们对本民族的文化更加珍爱，也给外界展示民族文化打开了一个窗口。

民族文化人才培养也是援藏工作的一项重要内容。广东援藏工作组还特别注重门珞文化文艺队伍的建设。例如，在“2016年西藏林芝雅鲁藏布江生态文化旅游节”中，广东援藏工作组投入近50万元，用于采购表演服饰、道具、排练器材，加热萨乡和墨脱县的“佛墨缘”舞蹈队、墨脱县民间艺术团等团体都从中受益。援藏工作组还与广东粤众互联网信息公司一道，资助自治区区级非物质文化遗产项目德兴乡那尔东村神舞表演队购买器材和日常彩排。在广东援藏工作组文化项目建设的支持下，墨脱门珞民族文化呈现出一派欣欣向荣的景象。为培养少数民族文化人才，广东舞蹈戏剧职业学院还以整班的形式为36名从林芝市6县1区选拔出来的少数民族学生（门巴族、藏族、僜人，男女各18名）提供了舞蹈专业教育。

最后，加强传统民族文化之间的交流与互鉴。门巴族、珞巴族、藏族同是生长在青藏高原的民族，其文化之间的交流成为推动西藏文化繁荣的重要动力。事实上，民族文化是处于一个不断演化的进程中，不可能永远保留其地域性，也不可能永远处在一个封闭的状态中，而是处于或多或少，或主动或被动同其他文化互动的过程当中。这是人类发展的一个基本规律。中华传统文化就是各民族文化交流融合的产物，因而绚丽多彩，有强大的生命力。墨脱门珞文化的保护和传承，也应当注意同其他民族，包括国外民族文化的交流与互鉴。

事实上，笔者曾参加非洲文化工作者在中国彝族地区的民族文化调研，当来自不同国家、不同民族的非洲人发现彝族一些文化习俗与他们有惊人的相似性时，与中国人的距离一下子就拉近了。这对于中非人民之间的理解和交流，构建更紧密的中非命运共同体大有裨益。同样的，在墨脱地区，门珞民族的传统文化、宗教信仰、风俗习惯、音乐舞蹈，与非洲的一些民族也有不少相似之处，这应该就是人类有共性的东西。2014 年，西藏艺术团首次走进非洲，在津巴布韦、毛里求斯的演出在非洲人民中引发共鸣，这为中非民族文化更深层次的交流和中非民心相通作出了贡献。

九　林芝市及墨脱县脱贫攻坚情况总结

林芝，作为西藏自治区下辖的地级市，虽然环境优美、生态资源丰富，但长期以来深受贫困问题困扰。截至2016年，全市21.24万总人口中，建档立卡贫困人口有6636户22803人，贫困发生率为16.42%，墨脱县亦是其辖区内贫困发生率最高的县之一，全市贫困人口分布不均衡，脱贫压力较大。自2015年脱贫攻坚战打响以来，林芝市针对全市社会发展现状，提出了“236”总体工作思路和“1693”脱贫攻坚工作思路，多措并举、精准施策，来打赢这场脱贫攻坚战。历经三年，林芝市于2019年8月宣布该地区贫困人口全面脱贫，标志这场脱贫攻坚战在林芝取得了全面胜利。林芝市及墨脱县的这一系列扶贫举措思路清晰、效果显著，其具体措施和经验，为边疆少数民族地区发展提供了范例。

（一）“西藏江南”林芝市的贫困问题

林芝因其湿润的气候、优美的自然环境，被誉为“西藏江南”，但长期以来受贫困问题困扰。全市贫困人口较多，且分布不均衡，既零散又集中。其中察隅、墨脱两县为扶贫重点县，贫困发生率高，脱贫难度较大，这对林芝市的精准扶贫工作带来了巨大挑战。

（一）林芝市自然概况

林芝市，位于西藏东南部，雅鲁藏布江中下游，总面积11.7万平方千米，其西部和西南部分别与拉萨市、山南市相连，西连那曲市嘉黎县，东接昌都市，南部与印度、缅甸接壤，有世界上最深的峡谷——雅鲁藏布大峡谷和帕隆藏布大峡谷。

林芝地区的平均海拔为3000米左右，最低点在雅鲁藏布江下游墨脱县巴昔卡，海拔155米，是世界陆地垂直地貌落差最大的地带。喜马拉雅山脉和念青唐古拉山脉由西向东平行伸展，东部与横断山脉对接，东南低处正好面向印度洋，顺江而上的印度洋暖流与北方寒流在念青唐古拉山脉东段一带会合，造成了林芝的热带、亚热带、温带及寒带气候并存的多种气候带，形成了林芝地区独特的热带湿润和半湿润气候。林芝地区年降雨量650毫米左右，年均温度8.7℃，无霜期180天，其湿润的气候使得林芝众多地带被誉为“西藏江南”，尤其是墨脱县和察隅县，其独特的气候和自然景观被誉为西藏的“西双版纳”。

（二）林芝市的贫困分布情况

林芝市下辖6县1区54个乡镇498个村（居）委会，全市总人口为21.24万人，乡村人口为13.89万人，占全市总人口的65.39%。按照2010年2300元的贫困标准，2016年全市共有建档立卡贫困人口6636户22803人。建档立卡贫困人口中，一般贫困户3849户15120人、低保户1871户6670人、五保户916户1013人，其中，易地扶贫搬迁人口有788户3498人。贫困人口覆盖全市7县（区）54个乡（镇）489个行政村，贫困发生率为16.42%，比全区贫困发生率低8.78个百分点，是全区贫困程度较轻的地区之一。全市的贫困人口分布并不均衡，既零散又集中，覆盖了全市54个乡镇489个行政村，脱贫难度较大，任务较为艰巨。贫困人口主要分布在察隅、墨脱2个重点县，波密县康玉、八盖，察隅县古拉、察瓦龙等18个重点乡镇和朗县金东乡西日卡村等149个重点村，这些重点县、重点乡镇、重点村基础设施落后、社会形态特殊、基本公共服务欠缺，属集中连片贫困带。其中，17个边境乡镇159个边境村建档立卡贫困人口7160人，占全市建档立卡贫困人口总数的31.4%。① 察隅县和墨脱县的贫困发生率是全市范围内最高的，其中察隅县的建档立卡贫困人口有6160人，占全市建档立卡贫困总人口的27.01%（详见表9－1）。故察隅县和墨脱县也是林芝市脱贫攻坚的重点县。

表9－1　　2016年初林芝市建档立卡贫困人口汇总②

县（区）	户数（户）	人数（人）	贫困发生率（%）③
巴宜区	556	1546	8.76
米林县	816	2522	14.26
波密县	825	3042	11.79
朗县	1061	2853	19.83
察隅县	1431	6160	24.49
墨脱县	668	2615	24.48
工布江达县	1279	4065	14.44
合计	6636	22803	16.42

① 白玛朗杰:《西藏农村发展报告（2017）》，西藏藏文古籍出版社2017年版，第157页。

② 数据整理自白玛朗杰主编的《西藏农村发展报告（2017）》，第158页。

③ 贫困发生率＝贫困人口数（人）/区域总人口数（人）×100%。

（二）多举措综合施策夺取脱贫攻坚胜利

从归因上讲，自然条件限制、基础设施落后、公共服务缺乏、人力资本较低、贫困文化盛行、产业匮乏等多重因素共同导致了林芝地区的贫困问题。面对上述情况，林芝市委、市政府从全局出发，根据本市社会发展现状，提出了“236”总体工作思路和“1693”脱贫攻坚工作思路。以此为指导，在整合援藏资源的基础上，林芝市及墨脱县等县从组织体制、统筹资金、基础设施改善、公共服务提升、产业规划等多方入手，用三年时间完成了全市的脱贫攻坚总任务，使整个林芝地区进入了经济社会发展的新时期。

（一）多种因素叠加导致林芝地区贫困

一般认为，边疆少数民族地区产生贫困的原因主要是恶劣的自然地理条件、落后的基础设施、基本公共服务的缺乏、人力资本较低、贫困文化盛行和产业资源匮乏等，这些因素相互叠加交织，共同导致相关地区的“系统性贫困”，或落入“贫困陷阱”。

对于林芝地区来讲，其致贫原因首先就是受制于自然条件、复杂的地形与气候以及交通不便等因素。林芝地区山川险阻，陡岩峭壁、沟壑纵横交错，其中墨脱县到2013年才通公路，是中国最后一个通公路的县，且由于该地区山体滑坡、泥石流高发，经常道路中断。而林芝地区处于深度贫困的村庄几乎都处在地形复杂的山区，交通极为不方便，地质灾害频发。其次是受自然条件和落后的基础设施影响，公共服务水平较低，尤其是在教育和医疗领域。以国家实施精准扶贫之前2010年的统计数据为例，当时林芝城乡地区居民文盲率为10.4%，比全国平均水平（4.08%）高出两倍多。全地区医疗机构总数372个，村卫生室253个，还有236个行政村（占48.3%）没有设卫生室，基层农村卫生室建设严重滞后。此外，医生的职称结构、平均学历水平等指标也远低于全国平均水平。① 再次是经济发展水平落后。深度贫困地区所覆盖的县在全国及区域发展的排名中均处于下游，且产业发展较为落后，缺乏支柱性产业为贫困人口提供工作机会。从图9－1可以看出，2012年至2015年，林芝市每年人均GDP低于全国人均GDP，且差距不断拉大，表明其经济发展水平、发展速度均低于全国平均水平。最后是从文化上讲，较之内地其他地区，林芝地区村落封闭且分散，这些因素使得该地区基本上与现代市场体系隔绝，且缺乏支柱产业，这使得当地的很多农户并未形成符合主流市场经济的意识形态，如劳动契约精神、现代工作理念等，却形成了与周围环境相适应的、以相对低物质供给为特征的生存行为模式，贫困人口的“等”“靠”“要”思想严重。面对这种情况，林芝市委、市政府以及各级领导班子从全局出发，统筹规划，从组织体制、统筹资金、改善基础设施、提升公共服务、产业规划等

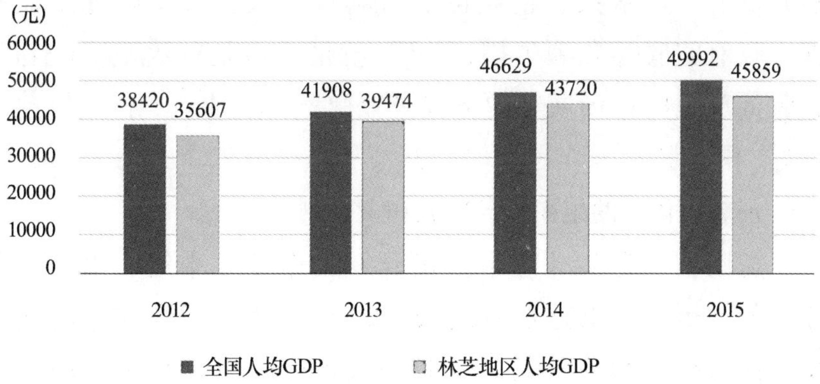

图9－1　2012年至2015年全国人均GDP与林芝市人均GDP对比

① 赖东升：《西藏林芝地区卫生资源配置的现状分析与对策研究》，福建医科大学，硕士学位论文，第16—23页。

多方面入手，系统性地整合市域内资源进行贫困治理，最终胜利完成了全市的脱贫攻坚战任务。

（二）多举措综合施策推动脱贫攻坚胜利

2016年，林芝市委、市政府针对本地区经济社会发展的具体要求，提出了“236”总体工作思路。“2”是两大目标：一是到2020年建成更高水平的小康社会，二是到2020年基本公共服务主要指标接近或达到西部地区平均水平；“3”是着力打造幸福、和谐、美丽三个林芝；“6”是重点抓好惠民生、抓投资、保生态、强产业、促创新、保稳定六件大事。根据“236”总体工作思路，他们又提出了“1693”精准脱贫攻坚工作思路。“1”就是实现在国家现行标准下全市农牧区2.28万贫困人口如期脱贫，贫困县区全部摘帽，解决区域性整体贫困的目标，到2020年实现更高水平全面小康目标；“6”就是完善组织领导、分级负责、资源整合、创业激励、精准识别准入退出、监督考核等六个机制；“9”就是采取自主创业、产业扶持、转移就业、异地开发、行业帮扶、企业帮扶、对口帮扶、易地搬迁及设施完善、政府兜底等九项举措；“3”就是严格脱贫攻坚时间和质量、脱贫攻坚信息畅通、脱贫攻坚廉政三项要求。① 在具体执行“1693”精准脱贫工作思路时，其主要举措有如下几点。

1. 形成成体系的组织领导机制和责任制度

一是调整、充实林芝市扶贫开发工作领导小组、市委书记担任组长、市委副书记任副组长、22名市级干部为成员的扶贫开发工作领导小组。二是成立市一级脱贫攻坚指挥部，市委常委、副市长担任指挥长，市发改委、财政、扶贫等部门主要负责人任副指挥长，各有关部门为成员单位。指挥部下设综合组、

---

① 《林芝市从根本上解决贫困人口脱贫问题》，人民网，http：//xz. people. com. cn/gb/n2/2016/0413/c138901－28137688. html。

政策资金保障组、项目规划实施组、产业扶贫组、易地搬迁脱贫组、生态环境补偿组、教育脱贫组、社会保障组、转移就业组、督导考核组、宣传组等11个工作组，负责落实市委、市政府和市扶贫开发领导小组的工作部署，指导和统筹脱贫攻坚工作的实施。① 三是成立市、县、乡三级脱贫攻坚指挥部，把脱贫专班设到乡（镇）一级，建立健全自上而下的指挥体系，成为脱贫攻坚的主要指挥机构，负责脱贫攻坚战的决策部署、统筹协调和督导检查。

此外，还严格落实党政一把手脱贫责任制。林芝市坚持“五级书记抓扶贫”，各级党政一把手为第一责任人，签订目标责任书，立下军令状，每年进行考核。市委、市政府承担全市脱贫攻坚的领导任务，确保贫困县如期脱贫“摘帽”；各县委、县政府承担本县脱贫攻坚主体责任，各乡（镇）、村承担具体落实责任，确保贫困村、贫困户如期脱贫。同时制定脱贫攻坚考核制度和方法，严格落实脱贫攻坚中的考核奖惩制度，平时严格督导脱贫攻坚的各项政策落实，确保脱贫进度；对脱贫攻坚的结果、成效也严格考核，将其作为干部提拔的重要依据；对脱贫攻坚政策落实不利、重视不够的党政机关等部门的主要负责人，进行约谈，责令其限期整改，严重者予以责任追究。通过领导负责制、压力层层传递和考核问责等机制将领导机制具体化，极大地强化了“政府主导”机制，为脱贫攻坚提供了强有力的组织领导保障。

2. 整合资金资源，形成脱贫攻坚合力

政府部门的条块分割，传统的公共服务供给易导致同一类服务被分成不同板块分散在不同职能部门，进而导致“公共服务的碎片化”。在资金领域进行专项整合，有利于打破政府部门

---

① 白玛朗杰：《西藏农村发展报告（2017）》，西藏藏文古籍出版社2017年版，第168页。

行政结构的约束，避免了公共服务供给的“碎片化”现象，①能够集中资源、形成合力进行脱贫攻坚。林芝市专门制定了《林芝市统筹整合使用涉农资金实施方案》，充分发挥政府在统筹整合涉农资金中的主导作用，政府统一规划资金，确保整合的资金向贫困村倾斜。在统筹整合涉农资金的过程中，坚持“多管道进水、一个池子蓄水、一个出口放水”的原则，把脱贫攻坚放在重中之重位置，优先保障脱贫攻坚支出。据统计，截止到2019年，林芝市累计到位脱贫攻坚资金16.45亿元，全市累计落实贷款资金27.29亿元。在2020年，林芝市全年统筹整合财政涉农资金7.2727亿元，其中，中央财政统筹整合财政涉农资金3.4764亿元；自治区财政统筹整合财政涉农资金3.4600亿元；市本级财政统筹整合财政涉农资金3.363亿元。整合的资金重点投向以下几个领域：易地扶贫搬迁安置点配套产业、小型基础设施建设项目与实施乡村振兴战略及兴边富民等紧密相关的基础设施建设项目等。其中向墨脱县拨款7594万元，向察隅县拨款1.5219亿元，均用于两县的脱贫攻坚项目。②

3. 加强基础设施建设，补齐公共设施短板

长久以来，由于资金和自然环境的限制，林芝地区基础设施尤其是道路建设不完善。在脱贫攻坚战“疫”打响之后，基础设施建设也成为基础设施建设中的重点。2018年，林芝市实施农村公路项目98个，完成投资32.73亿元，新改建公路里程670千米，乡镇通达率、通畅率分别达到98.15%、92.6%，行政村通达率、通畅率分别达到100%、84.74%，朗县被评为“四好农村路”全国示范县；林芝米林机场开通了林芝至国内8

① 何艳玲、钱蕾：《“部门代表性竞争”：对公共服务供给碎片化的一种解释》，《中国行政管理》2018年第10期，第90—97页。

② 《林芝市2020年度支持贫困县统筹整合使用财政涉农资金实施方案（代统筹整合资金计划）》，林芝市人民政府网，http：//www.linzhi.gov.cn/linzhi/zwgk/202010/7e8dba429b834b7f95b27c459d4ba530.shtml。

个城市的航线，2018 年旅客吞吐量达 48.45 万人次；其他基础设施建设项目中，光纤通达行政村 461 个，覆盖率达到 94.3%；综合治理河道 189 千米，解决 1.47 万人安全饮水问题；行政村安全饮水率、通邮率均达 100%，通信覆盖率 95.5%，通电率 99.39%，水、电、路、讯、网等基础设施不断夯实，各族群众生产生活条件得到了全面改善。①

4. **通过发展特色产业带动脱贫增收**

地方收入增加的关键在于产业，通过发展产业，为当地民众提供就业机会，帮助他们突破收入瓶颈，这也是解决少数民族地区系统性贫困问题的主要路径。故林芝地区始终坚持把发展扶贫产业作为政府工作的主导方向。2016 年以来，全市累计实施产业精准扶贫项目 510 个，累计完工项目 385 个，完工率 75.49%，到位投资 31.15 亿元，完成投资 24.99 亿元，占总投资的 71.15%；2019 年计划新开工项目 148 个，总投资 15.26 亿元，目前已开工 75 个，完工 12 个，到位资金 9.69 亿元，完成投资 4.63 亿元，确保了贫困群众不离开家乡就能通过融入身边产业实现脱贫。② 其中，最典型的就是墨脱县依托自然资源优势发展茶产业。自 2013 年墨脱县委、县政府确立茶产业为该县主导产业以来，全县调配资源统一发展茶产业。自 2015 年采茶以来，墨脱县农牧民群众通过种茶实现增收 8000 万余元（主要包括劳务收入、后期管理收入及茶青收入），其中仅采摘茶青一项就实现群众收 1507.76 万元，惠及群众 1156 户 5322 人，贫困户 243 户 1056 人参与茶青采摘，实现户均增收 13042 余元；2019 年，墨脱县茶产品销售收入约 500 万元，茶叶终端消费品的历

---

① 《西藏民主改革 60 年以来，林芝市经济社会发展成就显著》，《拉萨日报》2019 年 7 月 26 日。

② 《林芝市脱贫攻坚：奋力追梦新时代同心同德奔小康》，西藏自治区政府，http：//www.xizang.gov.cn/zwgk/xxfb/xwfbh/201911/t20191114_123611.html。

年销售收入复合增长率约为30%，茶园里的茶树成了墨脱县群众脱贫致富的“摇钱树”。此外，其他县区也因地制宜发展特色产业，例如米林县南伊乡在现有食用菌、藏药材种植等特色产业的基础上，依托南伊沟生态旅游景区发展旅游服务业，促进群众增收致富；巴宜区通过招商引资引进新希望六和养殖有限责任公司、林芝宇高生态有限责任公司和河南雏鹰集团林芝养殖分公司等企业，着力发展长白猪和藏香猪的养殖产业，实现农户脱贫致富。

总之，林芝地区把产业扶贫作为拓宽增收渠道、增加收入的长效之策，抓住建设国际生态旅游区和全域旅游示范区契机，紧紧围绕“一带四基地”（即特色林果种植产业带，茶树种植基地、蔬菜种植基地、藏药材种植基地和藏猪养殖基地）规划，发展特色农牧产业，形成了区域特色、集中连片、提质增效明显的扶贫产业。此外，林芝地区还创新利益联结模式，推行“公司+基地+农户”“订单农业”等多种经营模式，涌现出以土地、资金、技术三方入股的“公司+基地+农户+网络”种植经营模式，形成了风险共担、利益共享的共同体。①

5. **保障公共服务供给，全面提升教育医疗等公共服务水平**

林芝市政府高度重视公共服务的供给，在保障现有教育、医疗公共服务的基础上不断提升水平，以满足广大人民群众的需要。在教育领域，实行市、县、乡办小学，市、县办初中，市办高中，幼儿园全覆盖的办学理念，共建成各级各类学校210所。小学净入学率为99.96%，初中毛入学率为106.08%，义务教育巩固率达到96.12%。实现了义务教育阶段“有学上、上好学”的目标；积极落实各项学生资助政策。林芝市在校（含

① 《林芝市一带四基地特色产业格局逐步形成》，西藏自治区人民政府，http：//www.xizang.gov.cn/zwgk/xxfb/xwfbh/202005/t2020052 5_141681.html。

民办）农牧民子女、城镇困难家庭子女、全市公路养护段困难家庭子女及公路养护段职工子女均能按标准享受“三包”政策；全市农牧民子女在校（含民办）学生均能按标准享受“农牧区义务教育学生营养改善计划政策”；全市在校（含民办）学生均能按标准享受“义务教育阶段免费教育政策”，实现了农牧民和城镇低收入家庭子女义务教育阶段资助全覆盖；积极保障贫困学生，自2016年以来帮扶建档立卡贫困学生5362人、落实资金860万元，其中贫困大学生590人、落实资金288万元；专项招收贫困家庭“两后生”74人接受免费中职教育。此外，还积极展开技能培训，努力提升贫困群众职能技能。例如林芝市统筹西藏农牧学院、职业技术学院、各类企业等培训资源，将有就业意愿的贫困人口全部纳入培训范围。自2016年以来，累计落实培训资金2132万元，举办培训班212期，培训贫困群众1.04万人次，转移就业1.07余万人次。①

在医疗保障领域，林芝市的家庭账户、大病统筹和医疗救助相结合的农牧区医疗制度覆盖率达到了100%，农牧民个人筹资率98%以上，农牧区医疗制度补助资金到位率达100%。同时，为了精准掌握和动态监测林芝市困难人口的基本医疗保障情况，防止出现因病致贫、因病返贫的现象，林芝市政府建立数据共享机制，积极构建医保扶贫济困动态监测平台，动态监测和管理林芝市23893名建档立卡贫困户和在职、退休困难职工就医及费用情况，对建档立卡群众和困难职工等弱势群体建立了医疗保障长效工作机制。②

在社会保障领域，林芝地区加快推进农村居民最低生活保

① 《林芝市脱贫攻坚：奋力追梦新时代同心同德奔小康》，西藏自治区政府网，http：//www. xizang. gov. cn/zwgk/xxfb/xwfbh/201911/t20191114_123611. html。

② 《西藏林芝率先启动医疗保障扶贫动态监测平台》，中国西藏网，http：//www. tibet. cn/cn/news/zx/202007/t20200731_6828498. html。

障标准与农村困难群众扶贫标准“两线合一”，及时将符合条件的农村低保家庭纳入建档立卡范围，将符合农村低保条件的建档立卡贫困户纳入农村低保范围。自2016年以来，累计兑现农村低保金2265万元、受益1.54万人次，兑现建档立卡残疾人“两项补贴”资金801万元、受益2622人次，兑现五保供养金1652万元、受益3410人次，[①] 实现了全市范围内弱有所扶、老有所养。

6. 充分利用援藏资源，惠及林芝发展

从1994年起，广东省开始对口支援林芝市，2016年7月后，林芝市6县1区3场由以前的广东、福建两省支援调整为广东一省单独援助。[②] 在脱贫攻坚战“疫”打响之后，林芝地区也主动加强与广东省的对接，最大限度争取援藏扶贫项目，助力脱贫攻坚事业。在资金领域，近三年广东的支援资金不断增加：2018年，广东省安排对口支援林芝项目60个，资金达4.65亿元；2019年总投资达5.02亿元，涉及56个项目；2020年计划对口支援林芝内项目共51个，总投资5.43亿元，具体项目涉及基础设施、公共服务、文化旅游、农牧业等多个领域。

在医疗卫生领域，自广东省开展医疗人才“组团式”援藏工作以来，先后派出4批71名医疗人才“组团式”援藏，开展传帮带工作；[③] 自2018年5月以来，广东还计划实施医疗人才“换血”培养计划，即每年从广东引进50名医疗人才，顶

① 《林芝市脱贫攻坚：奋力追梦新时代同心同德奔小康》，西藏自治区政府网，http：//www.xizang.gov.cn/zwgk/xxfb/xwfbh/201911/t20191114_123611.html。

② 这里的“3场”是指林芝市下辖的米林农场、易贡茶场、察隅农场三个国有农场。

③ 《广东：医疗“组团式”援藏记》，人民网，http：//gd.people.com.cn/n2/2019/0216/c123932－32645904.html。

岗林芝当地医护人员开展正常业务，对应选派50名本地医护人员前往广东脱产学习，实现了正常业务开展与脱产培训“两不误”。

在教育领域，广东省的“组团式”教育援藏也在进一步提升林芝地区的教育水准。援藏工作队创新“组团式”校际帮扶、“联校培养”借读生等新型教育援藏模式，加快民族团结与教育援藏“两个融合”，双向推进“组团式”教育援藏工作，[①] 效果显著。以广东援助的林芝一中为例，在2020年高考中，总上线率为99.78%，本科率为78.7%，同比提高7.8个百分点；重本率为36.7%，同比提高8.2个百分点，创历史新高。918人参加考试，其中337人达到重本线。[②] 可以说，“组团式”教育援藏跨越式提升了林芝受援学校的教学水平。

此外，在对接产业市场、发展特色旅游业、招商引资、贫困人口就业等方面广东援藏机构和干部也积极对接，努力拓展资源，尽力支援林芝市，推动上述工作不断开展，为林芝地区的脱贫攻坚事业做出了巨大的贡献。

除以上六项主要举措外，林芝市还在生态扶贫、易地搬迁、金融扶贫等方面认真落实党和国家的扶贫政策，多措并举、多管齐下，打赢这场脱贫攻坚战。2019年8月27日，西藏自治区人民政府召开新闻发布会，专题介绍林芝市脱贫成效：[③] 自2016年脱贫攻坚战全面打响以来，全市累计实现减贫23467人，退出贫困村487个，贫困发生率从16.42%降至0.33%，7县

---

① 《“六双六促进”凸显广东援藏新成效——2018年广东省对口支援工作综述》，新华网，http：//xz.xinhuanet.com/zjwh/2019－05/04/c_138033616.htm。

② 《广东“组团式”教育援藏初见成效，优质教育资源通乡村》，搜狐网，https：//www.sohu.com/a/417382094_119778。

③ 《西藏林芝市实现两万多人脱贫》，中国西藏网，http：//www.tibet.cn/cn/fp/201908/t20190829_6674092.html。

（区）全部如期实现脱贫摘帽。全市贫困群众人均纯收入由2016年不到2855元增长到现在的6781元，平均增速达33%以上。贫困群众生活质量大幅提升，连续3年在全区脱贫攻坚成效考核中名列前茅，林芝市进入了全面建成小康社会的历史新阶段。

（三）脱贫攻坚取得宝贵经验

脱贫攻坚战打响前的林芝，是一个典型的边疆少数民族贫困区，地处地形复杂的山区，立体气候显著。受自然环境影响，交通等基础设施建设较为落后，公共服务水平较低，村落封闭、分散，缺乏支柱产业，长期与现代市场体系隔绝，导致该地区众多群众长期处于贫困状态。自脱贫攻坚战打响之后，林芝市根据党中央、国务院以及西藏自治区党委政府的部署，利用援藏资源，根据林芝地区实际情况，周密部署，精准施策，不仅提前完成了脱贫攻坚的任务，还使墨脱这样的贫困县走上了致富创收之路。综合来看，林芝市及墨脱县取得脱贫攻坚战役胜利的最主要经验可总结为以下四点。

第一，突出组织领导，强化责任落实，形成了一整套脱贫攻坚制度体系。林芝市和墨脱县的脱贫工作均由党政一把手挂帅，亲自指导，将涉及的各个部门整合其中，形成了党委领导、部门齐抓的局面。从市到县、乡、村、驻村工作队，五级书记抓扶贫，这就超越惯有行政体制的领导方式，打破了部门条块限制，保证脱贫政策落实到位。此外，严格落实党政一把手脱贫责任制，各级党政机关"一把手"为第一责任人，签订目标责任书，立下军令状，每年进行考核，将领导的责任具体化，通过压力传导倒逼脱贫攻坚的任务达成，为打赢脱贫攻坚战提供了根本性制度保障。

第二，在精准扶贫中整合资金资源，统一规划资金用途。

传统的公共服务供给中由于政府部门的条块分割，使得资源无法集中，公共服务的供应易出现“碎片化”和“分散化”现象。在资金领域进行专项整合，有利于形成合力完成专项任务。林芝市专门制定了《林芝市统筹整合使用涉农资金实施方案》，墨脱县则是成立了“涉农资金整合领导小组”，扶贫资金由政府统一规划，最大限度地整合资金资源，为脱贫攻坚战役的胜利提供了资金保障。

第三，找准特色产业，带动贫困人口脱贫增收。地方收入增加的关键在于产业，林芝地区始终坚持把发展产业作为脱贫的主要引擎。林芝市针对区域特色，进行了“一带四基地”产业规划，并围绕于此发展特色农牧产业，逐步形成了区域特色、集中连片、提质增效明显的农牧扶贫产业。对于墨脱县来讲，自2013年以来，墨脱县委、县政府在广东援藏干部的帮助下，经过详细调研，确立茶产业为主导产业。之后，集全县之力调配资源统一发展茶产业，多项举措鼓励农户种茶，提供技术、负担成本，并出面协调市场。茶产业的快速发展下，茶树成了墨脱县群众致富的“摇钱树”，茶叶也成了增收的“金树叶”。总之，林芝市找准了特色产业，并通过扶植特色产业发展，将其作为当地脱贫致富的主要途径，效果显著，也为解决高原地区区域性发展难题开出了“良方”。

第四，国家的对口援藏政策，为西藏脱贫事业提供了重要支持。一直以来，西藏的发展和建设离不开其他省份的大力支持。西藏和平解放后，全国部分省市以“兄弟”帮扶形式对西藏进行支援，1994年省市对口援藏确立为一项正式的制度安排，至今已经有20多年的历史，① 为西藏地区的社会主义现代化建设贡献了巨大的力量。在脱贫攻坚战役全面打响后，各省市也

① 杨明洪、刘建霞：《省市对口援藏制度及演化分析》，《民族学刊》2019年第1期，第1—2页。

协调多项资源，尽最大力量帮助西藏的脱贫事业。林芝市在脱贫攻坚的过程中，从宏观的项目资金、产业规划到基层的干部帮扶、农技援助，广东省都提供了大量的资源进行帮扶，其“组团式”援藏极大提升了受援地区公共服务水平。上述这些援藏举措，也为林芝市取得脱贫攻坚的总胜利提供了重要支持，为推动西藏全面建成小康社会作出了巨大贡献。

十　西藏脱贫攻坚战的经验、意义和启示

受制于恶劣的自然条件，在长期的历史发展进程中，西藏呈现贫困程度深、贫困发生率高、脱贫难度大等特点，成为边疆“三区三州”中唯一的省级集中连片特困地区。在党中央脱贫战略的推动下和在全国人民大力的支援下，西藏深入贯彻落实习近平总书记关于扶贫工作和西藏工作的重要论述，坚持精准扶贫、精准脱贫基本方略，瞄准“两不愁三保障”目标，在实施“五个一批”工程的同时，实施强基惠民带动脱贫、对口援助带动脱贫、结对帮扶带动脱贫、边境小康示范村带动脱贫等创新措施。2019 年底，西藏全部贫困县区实现摘帽，62.8 万建档立卡贫困人口“清零”，贫困发生率降为“零”。西藏历史性消除了绝对贫困，脱贫攻坚由集中攻坚向全面巩固提升成果转变。

（一）西藏打赢脱贫攻坚战的经验

脱贫攻坚战打响以来，在中央的特殊关心和全国人民的大力支援下，西藏自治区始终把打赢脱贫攻坚战作为重大政治任务和第一民生工程，把贫困人口脱贫作为全面建成小康社会的底线任务和标志性指标，把脱贫攻坚作为总揽经济社会发展全局和实施乡村振兴战略的优先任务，坚持精准扶贫精准脱贫基

本方略，聚焦“两不愁三保障”，精准识别、精准帮扶、精准管理，突出问题导向、优化政策供给、下足绣花功夫，累计实现了62.8万贫困人口脱贫，74个贫困县（区）全部摘帽，贫困发生率降为零，脱贫攻坚取得决定性进展，成为“三区三州”中率先脱贫的地区之一，在世界屋脊历史性地消除绝对贫困。总结西藏脱贫的经验，主要表现为以下几点。

（一）坚持党的领导是根本保证

中华人民共和国成立以来，中国共产党始终将提高人民生活水平、让人民过上好日子作为自己的历史使命，致力于带领全国各族人民走上脱贫致富、共同富裕的社会主义道路。作为全国唯一的省级集中连片深度贫困地区，作为全国“三区三州”脱贫攻坚的主战场之一，西藏决战脱贫攻坚取得前所未有的成就，其经验首先是坚持党对脱贫攻坚工作的领导。脱贫攻坚战打响以来，落实“五级书记”抓扶贫的工作机制，各级党组织发挥统揽全局、协调各方的领导作用，始终把打赢脱贫攻坚战作为重大政治任务和第一民生工程，把脱贫攻坚作为总揽经济社会发展全局和实施乡村振兴战略的优先任务。自治区、地（市）、县（区）层层签订目标责任书、立下军令状，主要领导同志负总责亲自抓，分管领导同志直接负责具体抓，各级干部齐心协力共同抓，形成了上下贯通、横向到边、纵向到底的责任体系。正是在党中央坚强领导下，在党中央和西藏自治区党委以及全国支援西藏脱贫攻坚有关省市各级党组织的有效动员和协调下，西藏脱贫才得以集中资源打好脱贫攻坚歼灭战，才有效保证了西藏脱贫攻坚目标任务如期完成。

（二）坚持改善民生是奋斗目标

党的治藏方略是把改善民生、凝聚人心作为经济社会发展的出发点和落脚点。党的十八大以来，西藏自治区深入贯彻落实习近平总书记和党中央决策部署，坚持把改善民生、凝聚人心作为经济社会发展的出发点和落脚点，坚持把人民对美好生活的向往作为以人民为中心的发展思想，坚持全心全意为人民服务的根本宗旨，坚持人民主体地位，尊重人民的首创精神，团结带领全区各族人民持续向贫困宣战，强化民生发展意识、突出民生发展重点、落实民生发展举措，各族群众的获得感、幸福感、安全感不断增强。通过科学合理研究规划，对“一方水土养活不了一方人”区域的贫困人口进行易地搬迁，965 个易地扶贫搬迁安置区（点）全部竣工，26.6 万人已经全部搬迁入住。搬迁后各族人民的生活水平发生了焕然一新的质的变化，迁居人民过上幸福生活的事实证明，在党的领导下西藏脱贫攻坚真正实现了改善民生的目标，抒写了以人民为中心的拳拳情怀。

（三）坚持制度优势是制胜密码

西藏打赢脱贫攻坚战，充分彰显中国特色社会主义制度的优越性，制胜密码就是坚持中国特色社会主义的制度优势。西藏立足于区情和农情，充分发挥社会主义制度集中力量办大事的优势，在全国率先组建了脱贫攻坚指挥部，设立办公室和政策保障、规划计划、产业脱贫、易地搬迁等 10 个专项组，建立“区—市—县—乡”四级脱贫攻坚指挥体系，形成区负总责、地市直管、县抓落实、乡镇专干的工作机制，各地区、各部门和相关行业之间高度协调、相互支持，迸发出巨大的攻坚合力。作为制度优势的体现，西藏脱贫攻坚有着高度的组织性，各级政府建立实施党员干部结对认亲帮扶和“省级干部包县、地市级干部包乡、县级干部包村和乡镇干部、驻村工作队、第一书记包户”的“四包”制度，同时还对脱贫政策的落实推进实施精准管理、督导检查、挂牌督战，显示出习近平新时代中国特色社会主义脱贫政策和实践的巨大优势。

（四）坚持精准方略是根本方法

坚持落实扶贫、脱贫的精准方略，是中国共产党坚持实事求是、具体问题具体分析原则的生动体现。精准扶贫的核心要义是做到扶持对象精准、项目安排精准、资金使用精准、措施到户精准、因村派人精准、脱贫成效精准，目的是解决“扶持谁”“谁来扶”“怎么扶”“如何退”等问题。西藏脱贫攻坚战有效贯彻了精准方略，建立了精准扶贫脱贫的完整的工作体系，通过实施精准动态管理、创新扶贫开发路径、创新扶贫资源使用方式、创新扶贫开发管理模式、创新扶贫考核评估方式等，保障各个环节的有效衔接和落实。西藏自治区在全国脱贫攻坚成效考核中连续四年综合评价为“好”，是为数不多始终保持在全国脱贫第一方阵的省份。

（五）坚持资源整合是有效举措

西藏打赢脱贫攻坚战，夺取贫困县（区）摘帽和贫困人口清零的全面性胜利，有效举措就是坚持强化资源整合动员全社会力量参与。西藏充分发挥政府投入主体和主导作用，增加金融资金、援藏资金的投入，正确处理好“离不开”与“不依赖”的关系，调动各方面力量，构建起专项扶贫、行业扶贫、金融扶贫、援藏扶贫、社会扶贫“五位一体”的大扶贫格局，确保扶贫资金与脱贫攻坚需求相适应的投入体系。脱贫攻坚以来，全区累计统筹整合涉农资金 748.48 亿元用于脱贫攻坚，年均增幅超过15%；发放扶贫贴息贷款644 亿元，小额信贷覆盖9万户次。自治区按照“管规划不管审批、管任务不管项目、管总量不管结构、管监督不管实施”的要求，实行资金、任务、权利、责任“四到地市”。深入实施区内企业“百企帮百村”行动，推动703 家区内非公企业、社会组织与1239 个贫困村结对帮扶，投入资金23.35 亿元，受益贫困人口7.68 万人。

（六）坚持群众主体是动力源泉

坚持党的群众路线、以群众为主体是西藏打赢脱贫攻坚战的动力源泉。始终坚持群众主体地位，扶智和扶志相结合，既“管肚子”更注重“管脑子”。狠抓控辍保学、完善易地扶贫搬迁安置点学校配套建设，确保适龄儿童就学，继续对农牧民子女15年教育实行“三包”政策，专项招收贫困家庭“两后生”接受免费中职教育，高校面向农牧区贫困学生专项招生，全面落实“三免一补”政策，坚决阻断贫困代际传递；提高贫困群众在扶贫项目各个环节的参与度，依靠勤劳双手改变贫困落后面貌，理性对待宗教，过好今生的幸福生活，激发出贫困户脱贫攻坚内生动力。坚持抓好产业扶贫，着力增加群众收入，夯实脱贫攻坚成果的稳定性和可持续性。做好大中专毕业生就业工作，广泛开展职业技能培训等，确保有劳动能力的搬迁户至少有1个劳动力稳定就业；坚持正确处理好保护生态和富民利民的关系，整合草原生态保护补助奖励、森林生态效益补偿等资金，对有劳动能力的贫困人口实行定岗定员、定责定酬，落实各类专兼职生态补偿岗位。

（七）坚持对口支援是重要支持

西藏打赢脱贫攻坚战，与长期对口援藏的实践分不开。深入贯彻东西部扶贫协作座谈会精神，国务院扶贫办连续五年在西藏召开深化对口援藏扶贫工作会议，连续四年组织援藏项目对接签约，为西藏攻克深度贫困堡垒，如期打赢脱贫攻坚战提供了重要支持和有力保障。中央和国家各部委、对口支援省市、中央企业纷纷赴藏考察调研，进行需求对接、签署协议、编制规划，深入推进医疗教育人才“组团式”援藏，深化拓展援藏扶贫领域，开展援藏消费扶贫和跨省安排就业。大力实施“央企助力富民兴藏”和“央企助力脱贫攻坚”行动，助力产业发展、促进农牧民增收，孵化带动本土人才，建立在藏央企按10%比例结对帮扶项目所在地贫困群众机制。

（八）坚持党建引领是坚强保障

坚持党建带扶贫、扶贫促党建，是西藏打赢脱贫攻坚战的一条重要经验。深入开展强基惠民驻村工作，将主要任务从“建强基层组织、做好维稳工作、寻找致富门路、进行感恩教育、办实事解难事”升级为“建强基层组织、维护社会稳定、促进致富增收、深化感党恩教育、办好实事好事、落实惠民政策、推进扶贫开发”，更加注重脱贫攻坚。连续9批选派干部19.3万余人次开展驻村帮扶工作，连续3批1.6万余人次干部担任村居第一支部书记，4年多来共落实强基惠民资金33亿元。巩固村居“两委”班子成员100%是党员的成果，累计培养党员致富带头人3476人，新建标准化村级组织活动场所2513个，农牧区基层党组织正在成为落实党的扶贫政策、民族团结政策、带领人民群众勤劳致富的桥头堡。脱贫攻坚与基层党组织建设“双推进”，已成为西藏的一大特色。

（二）西藏打赢脱贫攻坚战的意义

历史上，西藏长期实行政教合一的封建农奴制，绝大多数藏族群众长期处于贫困境地，难以摆脱悲惨的命运。中华人民共和国成立后，西藏实现了两次发展飞跃：一是由封建农奴制度向社会主义制度的飞跃，实现了由贫穷落后向文明进步的伟大跨越；二是实现了根本性全面脱贫，奔向小康社会。

党的十九大把打赢脱贫攻坚战作为三大攻坚战之一，向全党发出了动员令，吹响了全面建成小康社会的嘹亮号角，是必须完成的政治任务。西藏累计实现了62.8万贫困人口脱贫，74个贫困县（区）全部摘帽，贫困发生率降为0，脱贫攻坚战取得决定性进展，成为“三区三州”中率先脱贫的地区之一，消除了西藏千百年来存在的绝对贫困问题，贫困人口物质生活极大改善，精神面貌焕然一新，农牧区生产生活条件发生了翻天覆地的变化，为缓解相对贫困问题和推进乡村振兴战略奠定了坚实基础。

（一）充分认识西藏打赢脱贫攻坚战的政治意义

消除贫困、改善民生、逐步实现共同富裕，是社会主义的本质要求，是中国共产党的根本宗旨。习近平总书记指出：反贫困是古今中外治国理政的一件大事。西藏作为全国唯一的省级集中连片深度贫困地区，开展脱贫攻坚工作，除了破解脱贫攻坚普遍规律的制约外，还面临着严峻的反分裂斗争形势。达赖集团和境外反华势力坚持打“西藏牌”干涉我国内政，千方百计进行捣乱破坏活动，肆意颠倒黑白，造谣诬蔑脱贫攻坚政策和脱贫攻坚实践。因此，西藏打赢脱贫攻坚战事关长足发展和长治久安大计，讲的是政治、干的是民生，体现的是大局、反映的是党性。如期确保现行标准下贫困人口全部脱贫、贫困县全部摘帽，这是西藏自治区向党中央和全区各族人民作出的庄严承诺，没有任何讨价还价的余地，用实际行动恪守为民初心、勇担时代使命、兑现庄严承诺。

打赢脱贫攻坚战充分彰显了党的领导和社会主义制度的优越性。在全国脱贫攻坚大格局中，党中央高度重视西藏的脱贫攻坚，把西藏确定为“三区三州”唯一的省级集中连片特困地区，召开东西部扶贫协作座谈会加大援藏扶贫力度，习近平总书记在中央第六次、第七次西藏工作座谈会和脱贫攻坚跨省区座谈会上多次对西藏扶贫工作作出重要指示，研究制定的脱贫攻坚顶层设计在政策、资金、项目等方面都给予西藏重点照顾、特殊倾斜，为西藏打赢脱贫攻坚战提供了根本遵循、给予了强大的保障，注入了强劲动力。

西藏脱贫攻坚取得决定性胜利，充分证明党的治藏方略的正确性。在西藏这样一个边疆民族地区、经济社会发展相对落后的地区、反分裂斗争的主战场，改善民生不仅关系到发展目标和动力，也关系到民族团结和祖国统一。脱贫攻坚是西藏改善民生、凝聚人心的重要抓手，只有真正解决老百姓的民生问题，才会赢得老百姓的真诚拥护，才能形成强大的凝聚力和向心力。打赢脱贫攻坚战，使西藏各族人民特别是贫困人口分享改革开放的成果，极大提升了西藏各族人民的获得感、幸福感、安全感。

（二）充分认识西藏打赢脱贫攻坚战的经济意义

打赢脱贫攻坚战为西藏推进经济高质量发展奠定基础。2010 年以来，西藏经济总量持续增长扩大，年均增长 10.5%，实现从 500 亿元到 1500 亿元的跨越，综合实力持续增强。2019 年，全区地区生产总值达到 1697.82 亿元，是 1978 年的 254.3 倍，比上一年增长 8.1%，增速位居全国第二。经济高速增长是缓解深度贫困的重要因素，资源配置的市场化为深度贫困地区的经济发展提供更为有效的制度保障和激励机制，表现为有利于贫困人口脱贫的增长方式。前所未有的大规模、高强度集中投入，促进了贫困地区农村基础条件的明显改善和公共服务水平的明显提升。充分发掘利用本地优势，着力推动青稞增产、牦牛养殖、旅游、建筑建材等优势产业，2016 年以来累计投入 398.9 亿元，实施产业扶贫项目 2984 个，带动 23.8 万贫困人口脱贫，受益群众超过 84 万人。大力开展消费扶贫行动，在 27 个县区开展电子商务进农村综合示范工作，网络销售额 2 亿多元。全区有 263 种扶贫产品纳入国家扶贫产品名录，累计销售额达 1.5 亿元。贫困地区特色优势产业迅速发展，旅游扶贫、光伏扶贫、电商扶贫等新业态从无到有、从小到大，快速发展。产业结构不断优化，三次产业在调整中均得到长足发展，青稞、牦牛等特色种养业和绿色有机农畜产品加工业不断发展壮大，旅游文化、生态环保、现代服务、边贸物流、高新数字等产业加快发展，成为世界旅游目的地，资源优势正在转化为经济优势。2019 年，西藏累计接待国内外游客 4012.15 万人次，实现旅游总收入 559.28 亿元，带动 40 万农牧民参与旅游业。随着产业结构的调整升级，全区就业结构发生积极变化，劳动力逐渐从第一产业向第二、三产业转移，完成农牧民转移就业 113.82 万人次，劳务收入 38 亿元。以玉麦为突破口的边境小康村建设推进边境基础设施共建共享，进一步提升城镇化水平，城镇化率突破 30%。城镇人口的持续增长带动投资和消费需求，为城镇化发展提供了一定的空间，也为经济发展、拉动就业提供了持续强劲动力。新冠肺炎疫情发生后，西藏鼓励机关事业单位采购所联系贫困村的农畜产品，加大对从事旅游等服务行业、受疫情影响较大的贫困群众向一产的转岗力度，降低了因疫致贫返贫风险。

（三）充分认识西藏打赢脱贫攻坚战的社会意义和世界性意义

打赢脱贫攻坚战是对整个人类都具有重大意义的伟业。在中国及西藏脱贫攻坚实践中逐步形成并经过大规模实践检验的自上而下、分级负责、逐级分解与自下而上、村民民主评议相结合的精准识别机制，以及因地制宜、因村因户因人施策的帮扶体系，人民广泛参与、合力攻坚的社会动员体系，中央关怀、全国支援的支持体系，多渠道全方位的监督体系和最严格的考核评估体系，为有效解决贫困瞄准这一世界难题提供了科学方法，蕴含着丰富的贫困治理经验资源。西藏脱贫攻坚的成果给西藏经济社会发展提供了极其重要的基础和动力源泉，对于保持我国边疆长期稳定具有重要意义。同时，西藏脱贫经验对于亚洲、非洲、拉美等地区发展中国家，特别是一些地处高原或内陆地区、自然条件艰苦的最不发达国家的减贫脱贫，具有重要启发性意义。可以说，西藏减贫脱贫的成功也是对联合国“2030 年议程”可持续发展目标的重要贡献。

（四）充分认识西藏打赢脱贫攻坚战的生态意义

生态兴则文明兴，生态衰则文明衰。党的十八大以来，以习近平同志为核心的党中央站在中华民族永续发展的战略高度，大力推进生态文明建设，指导我国生态文明建设和生态环境保护取得历史性成就、发生历史性变革。习近平总书记十分重视西藏生态文明建设，多次就西藏生态环境保护与建设作出重要指示。西藏自治区认真贯彻落实习近平总书记关于生态环境保护和生态文明建设的一系列重要讲话精神，特别是“加强民族团结、建设美丽西藏”的重要指示精神，坚持保护优先、建设并重，牢固树立绿水青山冰天雪地就是金山银山的理念，将全区 45% 的区域列入最严格保护范围，保护好世界上最后一方净土。

在脱贫攻坚进程中，整合中央对民族地区、主体功能区、边境地区转移支付等重大生态资金，对有劳动能力的贫困人口实行定岗定员、定责、定酬，累计落实专兼职生态补偿岗位 244. 16 万人次，其中建档立卡贫困人口 116. 11 万人次，岗位人均补助标准从 3000 元/年提高到 3500 元/年。持续将生态扶贫作为惠民之策，把易地扶贫搬迁作为脱贫攻坚的重中之重，统筹考虑发展要素向城镇聚集，向生产资料相对富集、基础设施相对较好的地区聚集，多措并举解决“一方水土养不好一方人”的突出问题。在工作实践中，积累了“四季吉祥村”“三岩片区跨市整体搬迁”等典型经验，为继续实施高海拔生态搬迁探索了有效路径。脱贫后的西藏仍然是世界上生态环境质量最好的地区之一。

（三）推进脱贫攻坚与乡村振兴有机衔接的路径思考

乡村振兴是全面建设社会主义现代化国家的重大战略，是党的十九大确定的七大战略之一。十九届四中全会提出“坚决打赢脱贫攻坚战，巩固脱贫攻坚成果，建立解决相对贫困的长效机制”。打赢脱贫攻坚战和实施乡村振兴战略都是化解发展不平衡不充分并不断满足人民日益增长的美好生活需要的重要途径。因此，统筹推进脱贫攻坚与乡村振兴有机衔接，脱贫攻坚不仅为乡村振兴确立了精准思维，还在产业奠基、人才储备、文化引领、生态保护和组织建设等方面提供经验借鉴。

（一）巩固脱贫攻坚取得的历史性成果

对标对表全面建成小康社会目标，所有脱贫的县（区）继续做好精准识别、产业支撑、政策激励、就业优先、援藏扶助、社保兜底等工作，到2020年做到绝对贫困人口“清零”，脱贫成果得到人民认可、经得起历史检验，确保农牧区同步全面建成小康社会。脱贫后的西藏扶贫工作重点将转向解决相对贫困问题，从政策层面考虑如下方面。一是巩固提升脱贫成果。对已脱贫人口提供全面后续支持，补充工作漏洞，加强推动就业、生态扶贫、完善饮水安全基础，进行易地扶贫搬迁社会管理、培训与就业和基本公共服务建设，为巩固脱贫成果提供制度保障。二是保持政策总体稳定。对退出的贫困县、贫困村和贫困人口，按照“摘帽不摘责任、摘帽不摘政策、摘帽不摘帮扶、摘帽不摘监管”的具体要求，保持现有工作体制机制不变，压实各级党政组织和驻村工作队巩固脱贫成果的政治责任，稳定后续帮扶政策措施，防止运动式脱贫和贫困人口返贫。落实金融扶贫政策，实施消费扶贫和产品对接援藏，提高社会各界参与度和产品外销力度。三是有机衔接乡村振兴，将解决相对贫困纳入乡村振兴战略统筹安排。研究构建市场化手段为主的农牧民增收长效机制，探索乡村减贫和城镇减贫并重的城乡贫困治理体系。积极推动扶贫开发立法，做好解决相对贫困的制度设计和创新，将脱贫攻坚战中行之有效的经验上升为法律法规，为脱贫攻坚提供法制保障。

（二）推动深度贫困地区的可持续发展

作为全国唯一的省级集中连片深度贫困地区，完成脱贫后的西藏可从三个方面推动贫困地区的可持续发展。一是进一步加强深度贫困地区的产业开发。加强对深度贫困地区产业的政策和资金支持，引导协调产业合理分布；力争将每年整合涉农资金增量的90%以上用于深度贫困地区，加快重大基础设施项目的落地，破除地理环境造成的约束。同时，完善重大项目建设带动低收入群体增收的利益联结机制，让重大建设项目惠及所在地居民增收。二是推动深度贫困地区绿色发展。生态环境保护是建设美丽西藏的内在要求，是西藏经济高质量发展、绿色发展的不竭源泉，应从纵向和横向两个维度完善生态补偿机制。在纵向角度，政府财政加大对限制开发地区群体的支持力度，特别为低收入群体创造稳定收入的渠道。在横向角度，综合自然资源禀赋和环境承载能力，在雅鲁藏布江等主要流域、河谷以及林草资源丰富地区开发高原生态型产业。三是加大易地搬迁后续帮扶力度。加强对异地搬迁群体的技能培训和产业帮扶，使其具有全新且可持续的生产生活能力和收入来源。

（三）提升乡村基本公共服务供给能力

基础设施落后仍是制约西藏经济社会发展的瓶颈，脱贫后续阶段的西藏仍需继续推进满足社会需要的现代化基础设施建设，增强城乡公共服务的保障能力，构建普惠性的社会保障体系。一是加快补齐基础设施建设短板。坚持差异化扶持，新增资金和项目继续向重点区域倾斜，优化深度贫困地区基建投资支出结构，重点加强交通、水利、通信、电力等基础设施建设的支持力度，改善深度贫困地区城乡居民生存和发展条件。加快“四好农村路”建设和农村公路养护，提高农村安全饮水供水保障率和有序规模化供水，扩大乡村信息通信基础设施覆盖范围，通过新一轮农网改造升级实现电网覆盖所有县城，推进抵边供电项目建设，全面提升基础设施保障民生的供给水平。二是统筹城乡基本公共服务均等化。全面提高基层公务员、乡村教师、医生等待遇水平，提高乡村对人才的吸引力。三是编织社会保障安全网最后防线。充分考虑西藏的特殊区情、发展水平、物价指数、消费水平等因素，合理确定相对贫困标准。发挥临时救助的过渡、衔接功能，加强与最低生活保障、特困人员救助供养等社会救治制度的衔接，确保部分特殊低收入群体的基本生活保障。对灾害等造成的临时贫困群众进行及时社会救助，防止出现特殊不可抗力导致的返贫现象。

（四）激发乡村低收入群体的内生动力

受传统生活习惯和宗教消极影响，部分农牧民的增收致富意识、动力和能力还不够，尚存有“等靠要、懒散慢”的思想，通过志智双扶激发低收入群体的内生动力仍是乡村振兴中精神扶贫的重要内容。一是深化群众教育实践活动。大力开展爱国主义、集体主义、社会主义教育，弘扬共筑美好生活梦想的时代新风，培育感党恩、听党话、跟党走的自觉意识。旗帜鲜明地消除十四世达赖利用宗教所产生的负面影响，教育引导农牧民理性对待宗教，淡化宗教消极影响、减少宗教消费、过好今生幸福生活，移风易俗、改变陋习，追求科学文明健康的新生活方式，积极投身于投身乡村治理、国土绿化、家园建设。二是继续强化教育引导和典型引路。深入挖掘脱贫典型的精神内涵，开展广泛宣传活动，使其贯彻到脱贫群体的生产实践中，带动形成脱贫奔小康和建设社会主义新农村和核心价值观的正确方向。三是加强低收入群体就业技能培训。继续紧抓产业扶贫不放松，紧抓技术培训，不使一人掉队，确保富余劳动力家庭“一户一人”就业。加大岗位开发力度，帮助特殊就业困难贫困人口就近就便就地实现就业。

（五）完善乡村治理体系提升治理能力

在脱贫攻坚实践中，党建脱贫凸显了党在脱贫攻坚中的政治定力，乡村治理在组织动员上具备了强大能力，是解锁西藏脱贫攻坚成功经验的一把钥匙。乡村治理与组织振兴有机结合成为乡村振兴的核心引擎。一是发挥基层党组织的作用。农村基层党组织是党在农村全部工作和战斗力的基础。贯彻落实《中国共产党农村基层组织工作条例》，把村党组织建设成听党话、跟党走，善团结、会发展，能致富、保稳定，遇事不糊涂、关键时刻起作用的坚强战斗堡垒，筑牢党在农村的执政基础。持续整顿软弱涣散村级党组织，加强指导的村务监督机制，全面落实“四议两公开”，扶持壮大村集体经济，提高管理能力和服务水平。二是提升乡村社会治理效能。全面落实“五级书记”抓乡村振兴的工作机制，坚持县乡村联动，将县（区）、乡（镇）两级脱贫攻坚指挥部平移到乡村振兴指挥部，把更多的资源下沉到乡镇和村（居），提高乡村治理效能，形成农牧区良性发展机制。县级把主要精力放在“三农”工作上，真正起到“一线指挥部”的作用；乡镇要建成面向农牧区和服务农牧民的区域中心，建立“一站式办理”服务平台；行政村要增强为村民服务能力，选好配强村党支部第一书记，发挥乡村振兴专干和返乡创业大学生的作用，形成每村 5 人的工作队伍，提高报酬待遇和工作经费，打造一支永远不走的驻村工作队，与村“两委”班子共同带领村民致富。三是维护农牧区长治和久安。

深入开展社会主义核心价值观和拓展“四讲四爱”群众教育实践活动，坚决打赢农牧区反分裂斗争，凝聚、夯实治边稳藏在农牧区的人心和基础。创建民族团结进步模范区，推进网格化服务管理和社会化服务，深入开展扫黑除恶，严厉打击非法侵占农村集体资产、扶贫惠农资金和侵犯妇女儿童人身权利等违法犯罪行为，借鉴“枫桥经验”畅通和规范农牧民诉求表达渠道，维护农牧区社会持续和谐稳定。

西藏打赢脱贫攻坚战的伟大成就，为实现经济较快增长与大规模减贫同步、有效避免掉入中等收入陷阱作出了重要贡献，同全国一道全面建成小康社会。打赢脱贫攻坚战，只是历史性地消除了绝对贫困，但相对贫困将长期存在，反贫困仍是实施以“神圣国土守护者、幸福家园建设者”为主题的乡村振兴战略中的一项长期任务。

主要参考文献

白玛朗杰:《西藏农村发展报告(2017)》,西藏藏文古籍出版社 2017 年版。

西藏自治区地方志编纂委员会总编、西藏自治区墨脱县地方志编纂委员会编纂:《墨脱县志》,中国藏学出版社 2017 年版。

包路芳:《西藏墨脱县脱贫摘帽后的可持续发展研究》,《中国藏学》2019 年第 4 期。

何艳玲、钱蕾:《“部门代表性竞争”:对公共服务供给碎片化的一种解释》,《中国行政管理》2018 年第 10 期。

黄杰:《耦合治理结构与大国治理:对双轨政治的重温和拓展性解读》,《浙江社会科学》2012 年第 9 期。

姜庆志:《走出怪圈:产业扶贫中基层政府治理转型的多重逻辑——基于建始县的纵向案例分析》,《中国农村经济》2019 年第 11 期。

李小云、陈邦炼、唐丽霞:《精准扶贫:中国扶贫的新实践》,《中共中央党校(国家行政学院)学报》2019 年第 5 期。

李小云:《冲破“贫困陷阱”:深度贫困地区的脱贫攻坚》,《人民论坛·学术前沿》2018 年第 14 期。

宋雁、刘爱东等:《我国西藏等地区成年人边销茶消费量调查分析》,《中国茶叶加工》2016 年第 1 期。

唐颢、唐劲驰等:《西藏墨脱县茶叶发展现状及建议》,《广东茶叶》2019 年第 4 期。

汪三贵、殷浩栋、王瑜：《中国扶贫开发的实践、挑战与政策展望》，《华南师范大学学报》（社会科学版）2017 年第 4 期。
西藏自治区卫生健康委员会：《多维度援藏　助推林芝卫生健康事业发展》，《健康中国观察》2020 年第 9 期。
徐明强、许汉泽：《新耦合治理：精准扶贫与基层党建的双重推进》，《西北农林科技大学学报》（社会科学版）2018 年第 3 期。
徐伍达、妮妮美朵、孙焕明：《西藏决战决胜脱贫攻坚发展报告》，《新西部》2020 年第 Z1 期。
许汉泽、徐明强：《再造集体经济：从“产业扶贫”到“产业兴旺”的路径探索——对 H 县“三个一”产业扶贫模式的考察》，《南京农业大学学报》（社会科学版）2020 年第 4 期。
杨明洪、刘建霞：《省市对口援藏制度及演化分析》，《民族学刊》2019 年第 1 期。
赵金辉等：《探寻林芝地区肝包虫病的 CT 征象及特点》，《西藏医药》2018 年第 39 卷第 6 期。
赖东升：《西藏林芝地区卫生资源配置的现状分析与对策研究》，福建医科大学，硕士学位论文。
《西藏民主改革 60 年以来，林芝市经济社会发展成就显著》，《拉萨日报》2019 年 7 月 26 日。
袁海霞：《“决不把包虫病带入小康社会”——我区开展包虫病防治记》，《西藏日报》2020 年 3 月 3 日第 5 版。
《产业援藏：授人以渔铺就致富路》，搜狐网，https：//www.sohu.com/a/340542135_100161806。
《墨脱县实现乡乡通电》，国务院新闻办公室网（《人民日报》2016 年 7 月 4 日），http：//www.scio.gov.cn/zhzc/8/1/Document/1482461/1482461.htm。
《多吉扎西前往 4 个乡（镇）开展茶产业发展工作调研》，墨脱县政府网，http：//www.motuo.gov.cn/mtx/xwzx/202003/ed-

fc56935e0e41 66ab482847da51f8ee. shtml。
《广东：医疗“组团式”援藏记》，人民网，http：//gd. people. com. cn/n2/2019/0216/c123932 - 32645904. html。
《广东“组团式”教育援藏初见成效，优质教育资源通乡村》，搜狐网，https：//www. sohu. com/a/417382094_119778。
《林芝市2020年度支持贫困县统筹整合使用财政涉农资金实施方案（代统筹整合资金计划）》，林芝市人民政府网，http：//www. linzhi. gov. cn/linzhi/zwgk/202010/7e8dba429b834b7f95b27c459d4ba 530. shtml。
《林芝市从根本上解决贫困人口脱贫问题》，人民网，http：//xz. people. com. cn/gb/n2/2016/0413/c138901 - 28137688. html。
《林芝市脱贫攻坚：奋力追梦新时代同心同德奔小康》，西藏自治区政府，http：//www. xizang. gov. cn/zwgk/xxfb/xwfbh/201911/t201911 14_123611. html。
《林芝市脱贫攻坚：奋力追梦新时代同心同德奔小康》，西藏自治区政府网，http：//www. xizang. gov. cn/zwgk/xxfb/xwfbh/2019 11/t2019 1114_123611. html。
《林芝市一带四基地特色产业格局逐步形成》，西藏自治区人民政府，http：//www. xizang. gov. cn/zwgk/xxfb/xwfbh/202005/t2020052 5_141681. html。
《“六双六促进”凸显广东援藏新成效——2018年广东省对口支援工作综述》，新华网，http：//xz. xinhuanet. com/zjwh/2019 - 05/04/c_138033616. htm。
陆继才：《滇藏启动消除疟疾联防联控机制》，《健康报》2017年6月23日，http：//szb. jkb. com. cn/jkbpaper/html/2017 - 06/23/content_187185. htm。
《墨脱县2019年第二期农牧民实用技能培训顺利开展》，墨脱县政府网，http：//www. motuo. gov. cn/mtx/xwzx/201905/ef0cbbc64e6f41769e5c97a34bbb695e. shtml。

《墨脱县2020年统筹整合使用财政涉农资金方案》，墨脱县人民政府网，http：//www. linzhi. gov. cn/mtx/zwgk/202006/59d63ac71f1c43e6 94862dfdf1ee333b. shtml。

墨脱县卫生服务中心：《佛山市中医院对口帮扶急诊专家陈景利组织医护人员进行高危急性胸痛早期识别与诊断》，墨脱县人民政府网，2019年9月10日，http：//www. linzhi. gov. cn/mtx/zwgk/201909/521f88c 9c3664b149a3dbc6951b832a2. shtml。

墨脱县卫生局：《墨脱县医疗卫生现状》，墨脱县人民政务网，2019年1月16日，http：//www. linzhi. gov. cn/mtx/zwgk/201901/7d2edc 75365d4bf2a7e96d2d3f31530e. shtml。

《西藏林芝率先启动医疗保障扶贫动态监测平台》，中国西藏网，http：//www. tibet. cn/cn/news/zx/202007/t20200731_6828498. html。

《西藏林芝市实现两万多人脱贫》，中国西藏网，http：//www. tibet. cn/cn/fp/201908/t20190829_6674092. html。

《西藏自治区计划明年实现巡回诊疗全覆盖》，拉萨公共资源交易网，2019年8月2日，http：//ggzy. lasa. gov. cn/Article/Article Detail? id = 55781。

《小茶叶大能量脱贫“摇钱树” 佛山援藏让茶叶成为群众脱贫致富“金叶子”》，墨脱县政府网，http：//www. linzhi. gov. cn/mtx/zjmt/201911/102317edcf2a449c995177ffb48fec02. shtml。

《在基层开展巡回诊疗 提升医疗服务保障能力我区基层巡回诊疗试点工作正式启动》，西藏自治区卫生健康委员会网，http：//wjw. xizang. gov. cn/ztzl/qqjcwsjg/201908/t20190808_93642. html。

张伟：《西藏包虫病人群患病率降至0.26%》，中国新闻网，2020年1月19日，http：//www. chinanews. com/sh/2020/01-19/9064623. shtml。

《政府工作报告：2019年工作回顾》，西藏党员教育网，2020年1

月 8 日，http：//www. xzdyjy. gov. cn/folder967/yw/qnyw/2020 -01 -08/128764. html。

《中共中央、国务院关于打赢脱贫攻坚战的决定》，新华网，http://www. xinhuanet. com/politics/2015 - 12/07/c _ 1117383987. htm。

《中共中央、国务院关于打赢脱贫攻坚战三年行动的指导意见》，新华网，http：//www. xinhuanet. com/politics/2018 -08/19/c_1123292992. htm。

后　记

在《中国脱贫攻坚调研报告——西藏墨脱篇》即将付梓之际，对此次调研成效有几点思考：

其一，此次调研为课题组成员及中国非洲研究院积累了中非脱贫交流的有益素材。西藏自治区及墨脱县脱贫攻坚过程中实施的精准脱贫、特色茶产业发展、新农村建设、传统文化保护、教育、农村医疗卫生保障等，给调研组成员留下极其深刻的印象。调研组成员在后续研究和中非智库等学术交流中将会引用西藏墨脱摆脱贫困的实例，展示相关照片，如新农村建设中漂亮的瓦房楼房，村民私家小汽车及运输车辆、畅通的乡间公路、体贴暖心的医疗服务等。此次调研为中国学者提供了丰富的直接观感和具有高度学术价值的研究素材，为中非双方学者在脱贫减贫领域开展交流和合作提供了典型案例。

其二，此次调研丰富了调研组成员的专业视角。由于专业领域的原因，中国非洲研究院及调研组学者通常只是聚焦于国际关系层面的非洲研究，很少深入了解和研究自己的国家，这显然是一个缺憾。事实上，了解中国才能更好了解非洲、研究非洲。从事中非关系研究，首先要对自己祖国的历史和国情有清晰的认识。唯有如此，才能担当新时代赋予的“一带一路”国际合作、共建人类命运共同体研究的重任。

其三，脱贫是世界性话题。此报告不但是中国脱贫成功的范例呈现，也是向世界介绍中国经验和中国方案的成果之一。

西藏自治区及墨脱县是藏族少数民族及其他多个民族聚居的地区，西藏自治区及墨脱县少数民族地区的脱贫和发展成就可以为民族问题突出的非洲国家及其他发展中国家提供相关的经验和借鉴。

本报告同时推出英文版，英文版为本成果在世界其他地区、特别是在非洲地区的宣介提供了方便，也是中国非洲研究院及其学者为中非反贫困理论交流与合作做出的有益尝试。

“民族问题与非洲发展研究”项目赴西藏脱贫攻坚调研组

2022 年 1 月于北京

主编简介

李新烽，博士，作家，二级研究员，中国非洲研究院执行院长、中国社会科学院西亚非洲研究所所长，中国社会科学院大学西亚非洲系主任、博士研究生导师，《西亚非洲》和《中国非洲学刊》杂志主编。国务院政府特殊津贴专家，2020 年获“中国社会科学院优秀科研工作者”称号。兼任中国亚非学会副会长、中国非洲史研究会副会长、国家社科基金评审专家、教育部“长江学者”评审专家。主要研究非洲政治和中非关系。出版和发表中英文专著、译著、智库报告和顶级、权威期刊论文近二十部（篇），其中《非洲踏寻郑和路》荣获中宣部第十届精神文明建设“五个一工程奖”；《中国脱贫攻坚调研报告——湘西篇》（中英文版）获 2020 年度中国社科院优秀国家智库报告奖，英文版 2021 年入藏中国共产党历史展览馆。主持和完成多项省部级课题，目前是国家社科基金中国历史研究院重大历史问题研究专项 2021 年度重大招标项目“非洲通史”（多卷本）项目主持人。

张永蓬，法学博士，中国社会科学院西亚非洲研究所（中国非洲研究院）研究员，博士研究生导师，中国社会科学院大学教授。研究领域为非洲国际关系、中非关系、非洲热点问题。主持完成国家社科基金一般项目《国际发展合作与非洲——中国与西方援助非洲比较研究》；主持或参与外交部、商务部、中国社会科学院多个研究项目，提交并被采用内部研究报告 20 多篇；发表或参与编著有关非洲国际关系、中非关系、非洲热点问题等论文、研究报告等 70 余篇（部），一般文章 40 余篇；2005 年以来先后在南非斯坦伦博什大学、澳大利亚阿德莱德大学、澳大利亚国立大学、比利时根特大学等机构做访问学者；兼任中国非洲史研究会理事、中国亚非学会理事、中国亚非发展与交流学会理事、察哈尔学会研究员、国家社科基金成果评审专家；2014 年 8 月—2016 年 9 月在中国驻厄立特里亚大使馆工作，担任一等秘书。负责本报告统稿、审阅和修改工作，系本报告第二章、第三章作者。

执笔人简介

徐伍达，西藏自治区社会科学院农村经济研究所副所长、副研究员，兼任西藏自治区推进农牧业产业化专家咨询组成员、西藏自治区中国特色社会主义理论体系研究中心特聘研究员。主要从事农村发展、西藏经济研究。系本报告第一章和第十章作者。

李文刚，法学博士，中国社会科学院西亚非洲研究所（中国非洲研究院）民族宗教研究室主任、副研究员，硕士研究生导师，中国社会科学院大学副教授。研究领域为非洲民族与宗教、中非关系。系本报告第八章作者。

袁武，法学博士，中国社会科学院西亚非洲研究所（中国非洲研究院）副研究员，硕士研究生导师，中国社会科学院大学副教授。研究领域为中非关系、非洲地区安全。系本报告第六章作者。

张梦颖，法学博士，中国社会科学院西亚非洲研究所（中国非洲研究院）助理研究员。先后在加拿大阿尔伯塔大学、不列颠哥伦比亚大学和中国社会科学院研究生院获经济学荣誉学士、经济学硕士和法学博士学位。研究领域为非洲安全问题和索马里、南北苏丹国别研究。系本报告第七章作者。

田牧野，管理学博士，中国社会科学院西亚非洲研究所（中国非洲研究院）助理研究员。研究领域为中非关系、非洲社会文化研究。系本报告第四章、第九章作者。

史晓曦，法学博士，中国社会科学院西亚非洲研究所（中国非洲研究院）助理研究员。主要研究领域为国际法、国际关系。系本报告第五章作者。